하나님과
동행하는
삶

하나님과 동행하는 삶

초판 1쇄   2019년 8월 19일

지은이   정창균
펴낸이   황대연
발행처   설교자하우스
주소   경기 수원시 팔달구 권광로 276번길 45, 3층
전화   070. 8267. 2928
전자우편   1234@naver.com
등록   2014. 8. 6.

ISBN   979-11-955384-5-4
값은 뒷표지에 있습니다.

이 도서의 국립중앙도서관 출판예정도서목록(CIP)은 서지정보유통지원시스템
홈페이지(http://seoji.nl.go.kr)와 국가자료종합목록 구축시스템(http://kolis-net.
nl.go.kr)에서 이용하실 수 있습니다. (CIP제어번호 : CIP2019031399)

하나님과 동행하는 삶

정 창 균

**말씀, 기도, 예배로 누리는
하나님과 동행하는 삶**

설교자하우스

하나님과 동행하는 삶

5

　말씀, 기도, 예배 등은 신앙생활의 핵심적인 요소들입니다. 그리고 교회에서 끊임없이 강조하고 또 가르쳐온 신앙의 중요한 덕목들입니다. 이것들은 하나님과의 관계를 근거로 이루어집니다. 그러므로 하나님과의 관계라는 맥락에서 행해질 때만 참 가치와 의미를 갖게 됩니다. 그러나 이 항목들은 각각 독립된 영역이나 별개의 과목들처럼 분리되어 다루어져 온 경향이 있습니다.

　이 책은 위에서 열거한 신앙의 중요한 항목들을 "하나님과 동행하는 삶"의 구체적인 방편이라는 관점에서 이해하여 그 내용을 연결합니다. 하나님과의 동행이라는 주제를 다양한 관점에서 이해한 후에 말씀, 기도, 예배가 어떻게 하나님과 동행하는 삶의 구체적인 방편이 되는가를 밝히고자 하였습니다. 그리고 하나님과 동행하는 방편으로 그 항목들을 실천하는 지침들을 제시하고자 하였습니다. 이 책은 각 항목을 하나님과 동행이라는 관점에서 스스로 정리하는 교재로 사용할 수 있습니다. 교회에서 그룹으로 공부하거나 특별 집회의 주제로 함께 살펴나가는 교재로 사용할 수도 있습니다.

이 책이 우리 신앙생활의 근본적인 요소인 하나님과의 동행과 말씀생활, 기도생활, 예배생활에 대하여 종합적이고 폭넓은 이해를 갖는데 도움이 되기를 바랍니다. 그리고 그러한 이해를 바탕으로 하나님과의 복된 동행으로 나아가는 구체적인 통로가 되기를 빕니다.

정창균 목사

하나님과
동행하는 삶

PART 1

하나님과 동행

1

우리는
하나님과 동행하도록
지음을 받았다

우리는 하나님과 동행하도록 지음을 받았다

하나님이 자기 형상 곧 하나님의 형상대로 사람을 창조하시되 남
자와 여자를 창조하시고 하나님이 그들에게 복을 주시며 그들에
게 이르시되 생육하고 번성하여 땅에 충만하라, 땅을 정복하라, 바
다의 고기와 공중의 새와 땅에 움직이는 모든 생물을 다스리라 하
시니라... 여호와 하나님이 동방의 에덴에 동산을 창설하시고 그
지으신 사람을 거기 두시고 여호와 하나님이 그 땅에서 보기에 아
름답고 먹기에 좋은 나무가 나게 하시니... (창 1:27-28, 2:8-9).

이 말씀은 하나님이 사람을 지으신 근본적인 의도가 무엇이
며, 하나님께 지음을 받은 사람의 가장 큰 복이 무엇인가를 말해
줍니다. 하나님은 사람을 자기 형상을 따라서 지으셨습니다. 오

직 인간만이 하나님과 같은 부분을 갖게 지으신 하나님의 의도는 분명합니다. 하나님과 사람이 서로 통하는 것이 있어서 함께 있으시려고 하신 것입니다. 하나님이 사람을 하나님과 공통적인 형상을 갖도록 지으신 1차적인 의도는 사람이 하나님과 함께 있게 하시려는 것입니다. 사람은 하나님과 동행하도록 지음을 받았다는 말입니다. 그러므로 하나님은 사람을 지으셔서 당연히 하나님이 계시는 에덴동산에 함께 있게 하셨습니다. 사람들이 있을 다른 곳을 따로 만드시지 않았습니다. 하나님이 거니시는 곳에 사람들도 있게 하셨습니다. 하나님과 사람이 동행한 것입니다. 모든 창조가 끝난 다음에 내려지는 한 마디 결론은 이것입니다. "하나님이 지으신 그 모든 것을 보시니 보시기에 심히 좋았더라." 그 모든 것 속에는 하나님의 형상대로 지음을 받은 사람들이 하나님과 그곳에 머물러 있는 것을 물론 포함하고 있습니다. 하나님과 동행하는 이들의 모습은 하나님이 보시기에 심히 좋았습니다.

　사람을 지으신 하나님은 그들에게 생육과 번성과 충만과 자연의 정복과 생물의 다스림을 복으로 주셨습니다(28절). 그런데 이 복들은 그들이 하나님의 형상을 가지고 하나님과 동행하는 것을 전제로 주어진 복들입니다. 하나님과 함께 하는 한, 이런 일들이 일어날 것이라는 복입니다. 이 복은 그 자체가 독립적이거나 궁극적 목적인 것이 아니고 사람이 하나님과 함께 하고 있기 때문에 나타나는 결과입니다. 그것은 사람이 하나님과 동행하는 복이 맺어내는 열매인 것입니다. 이것은 이 후에 사람이 범죄하고 하나님에게서 떨어져나간 후에는 땅들도 가시덤불과 엉겅퀴를 내면서 반항을 한다는 사실로써도 분명히 알 수 있습니다 (3:17-18). 땀을 흘리고 땅과 더불어 투쟁을 해야 땅이 마지못해서 열매를 내게 되는 것입니다. 그 이유는 하나님이 함께 하심이 없어졌기 때문입니다.

그러므로 사람을 지으시고 그들에게 주신 복의 핵심은 바로 이들이 하나님과 함께 하는 삶을 사는 것이었습니다. 하나님과 동행하는 그것이 가장 큰 복인 것입니다. 하나님과 동행이 끊어지니까 똑같은 사람인데 땅들이 가시덤불을 내고 엉겅퀴를 내며 반항하기 시작합니다. 한 몸을 이룬 부부인 아담과 하와 사이에도 갈등과 서로 주도권을 갖기 위한 투쟁이 시작됩니다. 이와 같이 성경은 첫 장면부터 사람은 하나님과 동행하도록 지음을 받았고, 사람에게 모든 복의 근원은 하나님과 동행하는 데 있다는 사실을 분명히 말해줍니다.

창조 때부터 사람은 하나님과 동행하도록 지음을 받았고, 사람에게 있어서 모든 복의 시작은 하나님과 동행하는 데 있습니다.

우리는 하나님과 동행하도록 선택을 받았다

인류 최대의 비극은 사람이 죄를 범하여 하나님에게서 떨어져나가 더 이상 하나님과 동행할 수 없게 된 것이었습니다. 이것이 인류 최대의 비극이었습니다. 그러나 하나님은 이 비극을 해결하기 위한 조치를 취하셨습니다. 하나님에게서 쫓겨나 죽게 된 사람들이 다시 하나님과 동행할 길을 만드신 것입니다. 하나님은 다시 하나님과 동행할 어떤 사람들을 선택하셨습니다. 그리고 그 선택을 실현하시기 위하여 하나님의 아들 예수 그리스도가 십자가에 죽게 하셨습니다. 예수 그리스도의 죽음을 근거로 하나님이 선택하신 사람들은 영원히 하나님과 동행하는 삶을 다시 회복하게 하신 것입니다.

이제는 전에 멀리 있던 너희가 그리스도 예수 안에서 그리스도의 피로 가까워졌느니라. 그는 우리의 화평이신지라 둘로 하나를 만드사 중간에 막힌 담을 허시고 원수 된 것 곧 의문에 속한 계명의 율법을 자기 육체로 폐하셨으니 이는 둘로 자기의 안에서 한 새 사람을 지어 화평하게 하시고 또 십자가로 이 둘을 한 몸으로 하나님과 화목하게 하려 하심이라 원수 된 것을 십자가로 소멸하시고 또 오셔서 먼데 있는 너희에게 평안을 전하고 가까운데 있는 자들에게 평안을 전하셨으니 이는 저로 말미암아 우리 둘이 한 성령 안에서 아버지께 나아감을 얻게 하려 하심이라. 그러므로 이제

부터 너희가 외인도 아니요 손도 아니요 오직 성도들과 동일한 시민이요 하나님의 권속이라 (엡 2:13-19).

타락으로 하나님과 동행이 끊어져버린 사람들의 처지는 분명합니다. 하나님과 멀리 떠나 있고, 하나님과 반대편에 서 있고, 하나님과 원수가 되었고, 하나님과 멀어져 있고, 하나님 백성 밖에 있었습니다. 그런데 처지가 정 반대로 바뀌었습니다. 하나님과 하나가 되고, 하나님과 화목하게 되고, 하나님께 가까이 오게 되고, 하나님께 나아가게 되고, 하나님의 권속이 된 것입니다. 하나님과 함께 하는 삶을 박탈당했던 사람들이, 하나님이 동행하는 삶을 회복한 이야기입니다.

우리 신자들은 하나님과 원수가 된 인간들 가운데서 하나님께서 선택하셔서 하나님과 영원히 함께 살아가도록 구원해내신 사람들입니다. 하나님께서 우리를 선택하신 궁극적 목적은 우리가 하나님과 동행하는 삶을 살게 하려는 것입니다. 하나님이 하나님의 형상대로 사람을 창조하심으로 사람이 하나님과 동행하게 하셨듯이, 죄인들을 선택하심으로 그들이 하나님과 영원히 동행하게 하셨습니다.

그리스도가 하나님과 동행하는 전제조건이다

　그리스도께서 십자가에서 피흘려 죽으심으로 말미암아 죄인들이 하나님과 동행하는 삶을 다시 회복할 길이 만들어졌습니다. 하나님의 처음 사람 창조가 말씀으로 말미암은 것이었다면, 하나님의 재창조라고 할 만한 죄인들의 구원은 그리스도의 죽음으로 말미암은 것이었습니다. 그리스도와의 동행을 통하여 우리는 하나님과의 동행을 회복할 수 있습니다.

　누구든지 그리스도 안에 있으면 새로운 피조물이라 이전 것은 지나갔으니 보라 새것이 되었도다 (고후 5:17).

　"누구든지 그리스도 안에 있으면..." 이것은 그리스도와의 동행을 말합니다. "새로운 피조물"이라는 말은 다시 만들어졌다는 말입니다. 재창조가 일어난 것입니다. "이전 것은 지나갔으니..." 하나님과 동행하는 삶에서 끊어져 있던 그 삶이 이제 지나갔고, "보라 새것이 되었도다." 하나님이 함께 하시고, 하나님이 동행하시는 삶을 사는 새로운 인생이 되었다는 말입니다. 어떻게 해서 그런 재창조의 사건이 일어난 것인가? "그리스도 안에 있음"으로입니다. 즉, 그리스도와의 동행으로 말미암아 하나님과의 동행을 회복하게 된 것입니다. 그리스도로 말미암아 하나님이 동행하시는 그 삶이 회복되었다는 말입니다.

그러므로 하나님과 동행하는 삶을 살기 위한 가장 중요한 전제조건은 분명합니다.

예수께서 가라사대 내가 곧 길이요 진리요 생명이니 나로 말미암지 않고는 아버지께로 올 자가 없느니라 (요 14:6).

이 말씀의 절정은 무엇입니까? "아버지께로 오는 것"입니다. "아버지께로 온다는 것"이 무엇입니까? 왜 아버지께로 오는 것입니까? 아버지와 함께 있기 위해서입니다. 아버지와 함께 한다는 것은 하나님과 동행하는 삶을 말합니다. 이 삶이 어떻게 가능할까요? "예수께서 가라사대 내가 곧 길이요 진리요 생명이니 나로 말미암지 않고는 아버지께로 올 자가 없느니라." 이 말씀을 다른 말로 바꾸면, "예수께서 가라사대 나로 말미암지 않고는 하나님이 동행하시는 삶을 살 자가 없느니라"라는 말입니다.

예수께서 대답하여 가라사대 사람이 나를 사랑하면 내 말을 지키리니 내 아버지께서 저를 사랑하실 것이요 우리가 저에게 와서 거처를 저와 함께 하리라 (요 14:23).

예수님을 사랑하는 것이 하나님과 거처를 함께 하며 동행하는 유일한 길입니다. 그러므로 그리스도로 말미암은 구원을 얻은 자만이 하나님과 동행하는 삶을 살 수 있습니다.

2
하나님은
우리와 동행할 것을
약속하셨다

언약의 핵심은 하나님이 함께 하신다는 것이다

하나님께서 그의 백성에게 주신 지상 최대의 약속이 있습니다. 그것은 "너는 내 백성이 되고 나는 너희 하나님이 되리라!"는 약속입니다. 이것은 결국 하나님께서 함께 하시겠다는 약속입니다. 이것은 구약 성경, 특별히 모세 오경을 시종일관 관통하고 있는 하나님의 언약입니다. 그리고 선지자들의 심판예언이나 회복예언을 불문하고 모든 예언이 뿌리를 내리고 있는 근거입니다. 이스라엘 백성이 범죄하여 하나님에게서 끊어지고 멀리 포로로 붙잡혀 가고 망해 버려 처참해진 상황에 빠질 때마다 다시 붙잡고 회복의 소망을 확인하곤 했던 약속의 말씀입니다. 선지자들이 피폐해진 백성을 격려하면서 다시 도전했던 그 말씀이기도 합니다. 이것은 하나님께서 그의 백성에게 주시는 지상 최대의 약속입니다. 그러므로 하나님의 백성인 우리에게 주신 이 말씀은 너무나 귀하고 중요한 약속입니다. 이 약속의 핵심은 "내가 너희와 동행하겠다"는 것입니다.

> 내가 여호와인 줄 아는 마음을 그들에게 주어서 그들로 전심으로 내게 돌아오게 하리니 그들은 내 백성이 되겠고 나는 그들의 하나님이 되리라 (렘 24:7).

"너는 내 백성이 되고, 나는 너희 하나님이 되리라"는 이 약속은 하나님께서 우리에게 주신 지상 최대의 약속입니다. 이 말씀을 다시 말하면 하나님이 함께하시겠다는 것입니다. 너는 나와 동행하고, 나는 너와 동행한다 이것입니다. 이 약속 때문에 우리는 언제라도, 심지어 우리가 범죄하여 무너져 내린 그 때에도 하나님께 돌아가서 계약문서를 들이대고 계약을 이행하라고 요구하듯이 그렇게 할 수 있습니다.

느헤미야는 바로 이 약속을 가지고 그렇게 한 유명한 사람입니다. "하나님, 하나님께서 이 백성을 다 흩어서 멀리 포로로 보내 버려서 하나님의 이름을 두겠다고 하던 성은 다 불타서 폐허가 되버렸고 그 백성들은 다 능욕과 멸시를 받고 있습니다. 우리가 범죄하여 이렇게 했습니다. 그러나 하나님 우리가 다시 돌아오면 너희가 땅 끝에 가서 있을지라도 내가 너희를 다시 불러서 내 이름을 두리라 한 곳으로 다시 데리고 오리라고 약속하셨지 않습니까? 하나님께서 너희는 내 백성이 되고 나는 너희 하나님이 되리라. 나는 너희 하나님이 되고 너희는 내 백성이 되리라. 너희가 범죄하여 징계를 받아서 땅 끝까지 쫓겨가서 망해버렸다 할지라도, 그 자리에서라도 내게 다시 돌아오면 나는 너희를 땅 끝에서 부터 불러서 다시 내 이름을 두리라 한 거룩한 땅, 약속의 땅으로 다시 너희를 데리고 오겠다. 그렇게 하지 않았습니까? 돌아오면 나는 너희 하나님이 되고 너는 내 백성이 되리라 하시지 않으셨습니까? 그런데 우리가 다시 돌아옵니다. 그러므로 하나님 약속하신 그 약속을 이제 이행하십시오." 하고 느헤미야는 이 약속을 근거삼아 그렇게 하고 포로들을 이끌고 와서 성을 다시 재건하는 일을 하는 것입니다.

예레미야 선지자를 통하여 주신 새 언약의 말씀도 그것이었습니다.

보라 내가 노여움과 분함과 큰 분노로 그들을 쫓아 보내었던 모든 지방에서 그들을 모아들여 이 곳으로 돌아오게 하여 안전히 살게 할 것이라 그들은 내 백성이 되겠고 나는 그들의 하나님이 될 것이며 내가 그들에게 한 마음과 한 길을 주어 자기들과 자기 후손의 복을 위하여 항상 나를 경외하게 하고 내가 그들에게 복을 주기 위하여 그들을 떠나지 아니하리라 하는 영원한 언약을 그들에게 세우고 나를 경외함을 그들의 마음에 두어 나를 떠나지 않게 하고 내가 기쁨으로 그들에게 복을 주되 분명히 나의 마음과 정성을 다하여 그들을 이 땅에 심으리라 (렘 32:37-41).

우리 신자들은 하나님께서 "너는 내 백성이요 나는 너희 하나님"이라고 약속하신 사람들입니다. 어떤 상황에서도 결국 우리와 동행하시겠다고 약속하신 사람들입니다. 그러므로 우리는 어떤 처지에서도, 심지어 우리가 하나님께 범죄하여 무너져 내린 현장에서도 이렇게 말할 수 있습니다. "언약의 하나님, 내가 다시 하나님께 돌아갑니다. 그러므로 하나님 다시 나를 회복시켜서 나와 동행하시겠다고 하신 그 약속대로 이제 나와 동행해 주십시오."

하나님은 실제로 그의 백성과 동행하신다

성경 여러 곳에서 하나님은 특별한 상황에 있는 개인들에게 하나님께서 끝까지 동행하실 것을 약속합니다. 창세기 28장은 도망자 야곱의 이야기입니다. 야곱은 아버지 이삭을 속여서 축복을 가로챕니다. 에서가 그 사실을 알고 야곱을 죽이려고 살기를 품고 기회를 노리고 있습니다. 야곱은 그것이 무서워서 외삼촌 집으로 도망가고 있었습니다. 범죄자가 되어 외삼촌 집으로 도피행각을 벌이면서 광야에서 잠시 잠을 자고 있었습니다. 그때 도피 광야에 자고 있는 이 범법자에게 하나님이 오셔서 약속을 하십니다.

내가 너와 함께 있어 네가 어디로 가든지 너를 지키며 너를 이끌어 이 땅으로 돌아오게 할지라 내가 네게 허락한 것을 다 이루기까지 너를 떠나지 아니하리라 (창 28:15).

같은 말을 두 번씩 반복하고 있습니다. "내가 너와 함께 있다." "내가 너를 떠나지 아니하리라." 하나님이 동행 하시겠다는 약속입니다. 이것은 야곱이 거룩하고, 깨끗한 삶을 살고 있을 때 한 말씀이 아닙니다. 아버지에게 사기를 쳐서 형의 축복을 가로채는 흉악한 죄를 범하고 보복 당할 것이 두려워 도망가고 있는 처지에 있는 사람에게 하신 말씀입니다. "내가 너와 함께 있어서 너를 떠나지 아니하리라!" 하나님께서 야곱에게 이렇게 하시는 근거는 분명합니다. 야곱은 하나님이 선택한 사람이기 때문입니다. "나 여호와가 말하노라 에서는 야곱의 형이 아니냐 그러나 내가 야곱을 사랑하였고 에서는 미워하였으며"(말 1:2-3). 도피의 광야에서 야곱이 체험한 것은 한 가지입니다. 하나님의 임재와 하나님과의 인격적 교제입니다.

우리가 연약할 때도, 좌절로 무너져 내릴 때도, 죄 가운데 빠졌을 때도, 하나님이 여전히 우리와 동행하실 것을 약속하고 있다는 것을 기억해야 합니다. 우리가 불법을 행하고, 불신앙을 일삼고 있어도 하나님이 여전히 우리와 동행하시니까 무슨 짓을 하든지 괜찮다는 말이 아닙니다. 하나님은 이렇게 사기행각을 버리고 도망가고 있는 야곱에게 그와 함께 할 것이며, 떠나지 않을 것이라고 하신 이 약속을 성취하시기 위해서 야곱을 얼마나 연단하셔야 했는지 모릅니다. 야곱이 이후에 얼마나 성화되고 얼마나 변화되는가 하는 것을 창세기 여러 장에 걸쳐서 하나님이 증거하고 있습니다. 사기를 치고 죄를 범해도 내가 너와 함께 할 것이니 상관없다는 말이 아닙니다. 하나님이 동행하는 사람답게 되도록 하나님이 끝까지 만들어내고야 말겠다는 말씀입니다. 그러므로 우리가 부족해도, 죄로 무너져 내렸어도, 여전히 우리는 하나님이 내 삶에 동행하신다는 확신을 품고 하나님께서 내 삶 가운데 역사하시기를 원하는 소원을 품고 사는 것입니다. 내 주제에 무슨 하고 포기하는 것이 아닙니다. 우리도 하나님과 동행하기를 포기하지 않고, 하나님도 우리와 함께 하시기를 포기하지 않으시는 것입니다.

하나님의 동행 약속은 용기의 근거이다

이러한 사실은 우리에게 얼마나 큰 용기와 힘을 주는지 모릅니다. 내가 이런 모양인데, 이런 죄를 범하고 있는데, 이렇게 악한 모습이 여전히 남아 있는데 하나님이 어떻게 동행하시는가? 예, 그런 모습을 하나님이 좋아하시거나 응원하시지 않습니다. 그러나 하나님은 우리와 동행을 포기하고 떠나시는 것이 아니라 우리의 악한 모습들을 바꾸어 가십니다. 우리를 고치는 것입니다. 그것이 우리에게는 연단이 되고 때로 고통이 되기도 합니다. 우리의 시련, 무기력, 절망적인 상황에서도 하나님은 우리와 동행하십니다. "네가 물 가운데로 지날 때에 내가 함께 할 것이라 강을 건널 때에 물이 너를 침몰치 못할 것이며 네가 불 가운데로 행할 때에 타지도 아니할 것이요 불꽃이 너를 사르지도 못하리니"(사 43:2). 하나님은 그의 백성과 어떤 상황에서든지 동행할 것을 약속하고 있다는 것을 기억해야 합니다. 이러한 사실은 우리의 진정한 용기와 담대함의 근거가 됩니다.

마음을 강하게 하고 담대히 하라. 두려워 말며 놀라지 말라. 네가 어디로 가든지 네 하나님 여호와가 너와 함께 하느니라 (수 1:9).

이 말은 여호수아가 무슨 큰 공을 세우고 개선장군이 되고 위대한 업적을 이뤘을 때 한 말이 아닙니다. 모세가 죽고 갑자기 지도자의 책임을 맡아서 불안하고 두렵고 초조할 때 하나님이 주신 약속의 말씀입니다. 여호수아가 마음을 강하게 하고 담대히 하고, 두려워하지도 놀라지도 않아야 하는 근거는 분명합니다.

"네 하나님 여호와가 너와 함께 하느니라." 하나님의 동행입니다. 애굽의 바로에게 가서 이스라엘 백성을 이끌어내라는 하나님의 말씀에 두려워 떨며 거부하는 모세에게 하나님이 하신 말씀도 그것이었습니다. "내가 반드시 너와 함께 있으리라"(출 3:12). 문제는 내가 얼마나 위대한 업적을 이루어냈는가? 내가 얼마나 깨끗한가? 내가 얼마나 능력을 갖추었는가? 여기에 있지 않습니다. 너는 하나님이 함께 하시는 사람인가? 너의 인생 길에는 하나님이 동행하시는가? 그것이 가장 중요한 관건입니다. 그것이 분명하면 우리는 어떤 상황에서도 두려워 할 것도, 불안할 것도, 겁먹을 것도 없는 것입니다.

마태복음 28장 18절은 우리가 너무나 잘 아는 말씀입니다. 예수님을 배신하고 도망가고 제자의 삶에 철저하게 실패했던 제자들에게 예수님이 승천하시기 전 마지막 순간에 하신 말씀입니다.

> 너희는 가서 모든 민족을 제자로 삼아 아버지와 아들과 성령의 이름으로 세례를 주고 내가 너희에게 분부한 모든 것을 가르쳐 지키게 하라 볼지어다 내가 세상 끝 날까지 너희와 항상 함께 있으리라 하시니라 (마 28:19-20).

"세상 끝 날까지"라고 그랬으니 세상 끝 날이 되기 전까지 이 약속은 유효합니다. 당연히 지금 우리의 상황도 포함됩니다. 예수님의 모든 제자에게 이 말씀은 해당됩니다. 여기서 말하는 제자는 그 당시의 제자들 뿐만 아니라, 그 사람들로 대표되는 오고 오는 모든 제자 곧, 예수님으로 말미암아 구원받은 모든 신자들을 말합니다. 우리는 모두 다 예수님의 제자입니다. 그러므로 우리에게 주신 약속입니다. 세상 끝 날까지 함께 있겠다는 약속입니다.

예수님은 요한복음 14장 18절에도 십자가에 죽으시기 전에 약속을 하셨습니다.

내가 너희를 고아와 같이 버려두지 아니하고 너희에게로 오리라 (요 14:18).

고아와 같이 버려두지 아니하고 오리라는 말씀은 동행한다는 말입니다. 어떤 방식으로 예수님은 이 말씀을 성취하셨습니까? 성령을 보내서서. 성령이 우리와 함께 하시므로 예수님은 이 말씀을 성취하셨습니다. 고아와 같이 버려두지 않으시고 지금 예수님은 우리에게 오셔서 우리와 함께 하신다는 약속을 성취하시는 것입니다.

하나님은 그의 백성과 동행하시겠다는 것을 여러번 약속하셨습니다. 이 모든 약속을 총괄하는 가장 핵심적인 표현이 이것입니다. "나는 너희 하나님이 되고 너는 내 백성이 되리라." 하나님이 동행하신다는 약속입니다. 이것이야말로 우리가 갖고 있는 지상 최대의 약속이고, 이것이 우리가 언제라도 담대하고 당당하게 살 수 있는 용기의 근거입니다.

하나님은 어디에서나 우리와 동행하실 수 있다

하나님은 어떤 상황에서든지 우리와 동행하실 수 있습니다. 상황을 불문하고 하나님은 동행하십니다.

- 에덴에서 사람과 동행하셨다.
- 홍수 때에도 노아와 동행하셨다.
- 소돔과 고모라의 불 가운데서도 롯과 동행하셨다.
- 갈 곳을 알지 못하고 길을 떠나는 아브라함과 동행하셨다.
- 죄를 범하고 도피하는 광야에서도 야곱과 함께 하셨다 (창 28:15).
- 노예로 팔려간 이국땅에서도 요셉과 함께 하셨다 (창 39:3).
- 억울한 누명을 쓰고 들어간 감옥에서도 요셉과 함께 하셨다 (창 39: 21, 23).
- 광야에서도 이스라엘 백성과 동행하셨다.

- 애굽의 노예생활 가운데서도 이스라엘 백성과 함께 하셨다 (출 3:7-8).
- 지도력의 위기와 불안 가운데서도 여호수아와 함께 하셨다 (수 1:5, 9).
- 환난 가운데서도 동행 하신다 (사 43:2).
- 타락의 미혹의 순간에도 함께 하신다 (시 73:23).
- 하나님은 어떤 장소, 어떤 시간, 어떤 상황에서도 함께 하신다 (시 139).
- 예수님은 세상 끝날 까지, 그리고 항상 함께 하신다 (마28:20).
- 예수님은 우리가 기도할 수 없을 때도 우리와 함께 하신다 (롬 8:34, 히 7:25).
- 하나님은 천국에서 영원토록 우리와 함께 하신다 (요 14:1).
- 사역의 위기 가운데서도 함께 하신다 (딤후 4:17).

하나님은 어디에서나 우리와 동행하실 수 있습니다. 그런데 우리는 하나님이 우리와 동행할 수 있는 조건이나, 하나님이 우리와 동행하시는 여부를 우리 자신이 결정할 때가 많이 있습니다. "내가 지금 이런 꼴인데 하나님이 나하고 함께 하겠는가? 저 사람이 지금 저 따위로 사는데 하나님이 어떻게 저 사람하고 동행하겠는가? 저 사람은 아니다." 그렇지 않습니다. 하나님은 시간과 공간과 상황과 조건을 불문하고 어디에서나 하나님의 백성과 동행하실 수 있습니다. 하나님의 동행은 우리의 어떤 공로에 대한 하나님의 반응으로가 아니라, 하나님께서 우리에게 하신 언약의 실현이기 때문입니다. 하나님은 그의 백성인 우리와 동행하시겠다고 약속하셨고, 하나님은 어느 경우에든지 반드시 약속을 실현하시는 언약의 하나님입니다. 혹시 이런 처지에서는 하나님이 나와 함께 하실 리가 없다고 생각했던 때가 있습니까? 그것을 다시 돌이켜서 거기서도 그때도 하나님은 나와 동행하실 수 있다는 믿음을 가지고 하나님의 동행을 누려야 합니다.

3

최대의 비극은
하나님과 동행에서
끊어지는 것이다

하나님과의 분리

사람의 최대의 행복이 하나님과 동행하는 삶을 사는 것이라면, 최대의 비극은 하나님과 동행에서 끊어지는 것입니다. 하나님이 더 이상 그 사람과 동행하시지 않는다면 그 순간부터 가장 불행한 인생을 사는 사람이 됩니다. 하나님과 분리된 삶을 사는 사람이 가장 비극적인 인생을 사는 사람입니다. 인간의 모든 불행과 비극은 하나님과의 동행에서 끊어진 데서부터 시작하였습니다. 이것이 창세기 3장의 타락 사건입니다.

여호와 하나님이 에덴동산에서 그 사람을 **내어 보내어** 그의 근본된 토지를 갈게 하시니라. 이같이 하나님이 그 사람을 **쫓아내시고** 에덴동산 동편에 **그룹들과 두루 도는 화염검을 두어** 생명나무의 길을 지키게 하시니라 (창 3:23-24).

온갖 좋은 것들을 두고 하나님과 함께 동산을 거닐면서 살았던 아담과 하와의 인생에 대역전이 일어났습니다. 에덴동산에서 그 사람을 내어 보냈다는 말씀은 그들을 쫓아냈다는 말입니다. 이것은 단순한 장소의 이전을 말하는 것이 아닙니다. 하나님과 관계의 단절을 말하는 것입니다. 하나님과 더 이상 관계없는 사람이 되었다는 것입니다. 하나님과 동행하며 같이 에덴동산을 거닐던 관계가 끝나 버린 것입니다. 그룹들을 두었고 두루 도는 화염검을 두어서 그 길을 지키게 했다는 사실이 그것을 말하고 있습니다. 이 그룹들이란 천사들을 말하는 것입니다. 지키는 영적인 존재들의 군대를 그곳에 배치한 것입니다. 그래서 이들이 못 들어오게 길을 막은 것입니다. 또 검의 모양을 가진 화염, 불꽃을 둘러서 아담과 하와가 절대로 에덴동산, 다시 말하면 하나님을 근접할 수 없도록 완벽하게 차단해 버린 것입니다.

범죄한 인간은 이렇게 하나님과 동행하던 에덴에서 쫓겨났고, 천사들(그룹)과 검의 모양을 한 화염(화염검)으로 접근을 금지당한 채 하나님과 동행이 끊어져버린 삶을 살아야 했습니다. 하나님과의 동행에서 떨어져나간 인간의 삶은 생존을 위한 자연과의 투쟁을 비롯한 온갖 괴로움과 고통과 분노(4장)와 비참함으로 이어지는 삶을 살 수 밖에 없게 되었습니다. 하나님이 동행하지 않게 되면 그것이 부부사이라 하여도 서로 투쟁하고 싸우는 관계로 전락할 수밖에 없음을 창세기는 지적하고 있습니다.

분리의 결과

창세기 3장은 하나님과 분리되어 사는 사람들의 모습이 다양하게 나타나고 있습니다. 자신의 현실이 부끄럽게 여겨져 숨게 됩니다. 부부가 더 이상 하나가 아닙니다. 책임을 떠넘기는 사이가 됩니다. 부부 사이는 서로 주도권을 갖기 위한 투쟁의 관계가 됩니다. 고통이라는 것이 사람의 삶의 현장에 들어오게 됩니다. 땅이 저주를 받습니다. 인간은 평생 수고해야 땅의 소산을 먹을 수 있게 됩니다. 땅이 인간에게 반역을 하여 가시덤불과 엉겅퀴를 냅니다. 생존을 유지하기 위한 자연과의 투쟁이 즉각적으로 온 것입니다.

그리고 4장에 가면 가인과 아벨 사이의 분노에 찬 형제 살인 사건이 등장하게 됩니다. 6장에 가면 온 땅에 죄악이 퍼져서 하나님이 그 땅을 물로 쓸어 버려야 될 만큼 비참한 현실이 와 버리고 말았습니다. 11장에 가면 바벨탑 사건이 등장합니다. 인간의 하늘을 찌르는 교만과 탐욕이 바벨탑을 쌓는 모습으로 표현되고 이것은 하나님과 완전히 동행이 끊어져버리는 비참한 현실이 세계적인 현상이 되어버리는 상황이 온 것입니다. 19장 이하에 가면 인간의 죄악이 하늘 끝까지 닿아서 하나님불로 온 세상을 태워서 심판해 버려야 될 만한 상황이 벌어집니다. 이 모든 비극의 출발점은 하나님과 동행하는 삶이 끊어진 채로 살기 시작한 것이었습니다.

죽음

하나님과 동행이 없는 삶, 곧 하나님과 분리된 삶은 죽음을 의미합니다. 성경에서 죽음은 사라져 없어지는 것을 말하는 것이 아닙니다. 죽음은 분리를 말하는 것입니다. 육신과 영혼이 분리되는 것이 육신의 죽음입니다. 하나님과 분리되는 것이 영적인 죽음입니다. 그리고 하나님과 분리된 삶이 영원히 계속되는 것이 영원한 죽음입니다. 그러므로 인생의 최대의 비극은 하나님과의 동행에서 끊어져서 살아가는 것입니다.

지옥에 있는 사람들은 생명이 없거나 없어져버리는 것이 아닙니다. 지옥에 있는 사람들도 영원히 삽니다. 그러나 그 사람들은 하나님과 분리되어서 영원히 사는 것입니다. 그러므로 우리는 지옥을 영원한 죽음이라고 말합니다. 그 사람들은 생명이 없다는 말이 아니고 그 사람들은 존재가 없어졌다는 말이 아니고, 하나님과 분리되어 있다는 말입니다. 천국에 간 사람들은 영원한 생명을 누린다고 말합니다. 천국에 있는 사람들은 하나님과 함께 살기 때문에 그것을 영원한 생명이라고 합니다. 하나님과 동행이 생명이고 하나님과 분리가 죽음입니다. 하나님이 동행하시지 않는 삶을 사는 것은 죽은 삶을 사는 것입니다. 하나님과 동행하는 삶을 살지 않는 것은 살았으나 죽은 삶을 사는 것입니다.

재앙과 환난

개인이든지 민족이든지 하나님의 동행하심이 끊어지는 것이 모든 재앙과 환난의 결정적인 원인입니다.

> 그들이 삼킴을 당하여 허다한 재앙과 환난이 그들에게 임할 그 때에 그들이 말하기를 이 재앙이 우리에게 임함은 우리 하나님이 우리 중에 계시지 않은 까닭이 아니뇨 할 것이라 (신 31:16-17).

이스라엘 민족을 두고 한 말입니다. 이들이 범죄하여 심판을 받아 참으로 무서운 재앙과 환난을 당한 때를 놓고 한 말입니다. 허다한 재앙과 환난과 고통과 고난이 그들에게 임했습니다. 그들이 삼킴을 당했다고 말할 정도입니다. 그 상황에 빠졌을 때 그들이 본능적으로 고백하는 말이 있습니다. 왜 우리가 이런 재앙과 환난과 고통과 삼킴을 당하는 멸망의 처지에 이르렀는가? 우리는 왜 이런 환난과 괴로움을 당하게 됐는가? 그 환난의 한 복판에 서자 이들이 알기 시작합니다. 그래서 그것을 말합니다. "그때에 그들이 말하기를..." 이스라엘 민족을 말합니다. "이 재앙이 우리에게 임함은 우리 하나님이 우리 중에 계시지 않은 까닭이라!" 하나님이 동행하시지 않는 것, 하나님과 동행하지 않는 것, 하나님이 떠나 버린 것, 그래서 하나님과 분리된 것, 그것이 모든 재앙과 환난의 결정적인 원인인 것입니다.

그러므로 우리에게 끝없는 환난이 닥쳐오고 어려움이 닥쳐올 때는 한번쯤 근본적인 문제로 돌아가서 내가 하나님과 동행하고 있는가, 하나님이 나와 동행하고 있는가를 점검해 봐야 합니다. 만약 하나님과 동행이 끊어졌기 때문이라고 판단이 되면 그것을 회복하는 일에 시급히 나서야 됩니다. 환난 자체를 해결하는데 급급할 일이 아닙니다. 그것은 임시방편일 뿐입니다. 우리 몸속 어느 곳이 심하게 곪아서 열이 날 때는 아무리 해열제를 먹고 얼음찜질을 해도 소용이 없습니다. 그것은 임시방편입니다. 그 때는 얼음찜질 하면서 헛고생하지 말고 빨리 병원에 가서 곪은 부위를 제거해야 됩니다. 물론, 때로는 하나님께서 우리와 동행하심에도 불구하고 어려운 일이 닥칠 때가 있습니다. 하나님이 더 좋은 것으로 우리를 이끌어가기 위해서 연단의 과정으로 그렇게 하시는 것입니다. 그러나 그런 이유가 아니고 내가 하나님과 동행하지 않고 떨어져 있어서 오는 일이라는 생각이 들면 하나님과 동행하는 삶으로 돌아가는 것을 최우선으로 힘써야 합니다.

기울어져 가는 사울, 떠오르는 다윗

사울은 왕좌에 앉아서 왕권을 휘두르는 이스라엘의 현직 왕이었습니다. 다윗은 사울에게 죽음의 위험을 당하며 쫓겨다니는 도피굴 속의 사람이었습니다. 그러나 사울과 그의 가문은 점점 기울어가고, 다윗은 점점 그 인생이 떠오르는 삶을 살았습니다. 하나님이 떠나간 사람과 하나님이 동행하는 사람의 삶은 완전히 다르게 나타나게 됩니다. 하나님이 떠나간 사람은 현직 왕이라 할지라도 그의 인생은 점점 스러져가고, 하나님이 동행하는 사람은 현재는 맨발로 쫓겨다니는 비참한 상황에 있을찌라도 점점 떠오르는 인생을 사는 사람이 됩니다.

사무엘상 중반부터 사울과 다윗의 이야기가 나오는 부분을 단숨에 읽어보십시오. 현재의 상태로만 보면 다윗은 쫓겨다니는 비참한 사람이고, 사울은 다윗의 목숨을 좌우할 수 있는 권세를 가지고 있는 왕입니다. 그러나 자세히 보면 사울은 현직 왕인데도 자꾸자꾸 망해가고 있고, 사람들로부터도 외면당해서 주위 사람들과 백성이 그를 떠나갑니다. 급기야는 자기가 낳은 친 자식마저도 그를 떠나갑니다. 점점 혼자 남은 외로운 왕, 점점 왕권이 그에게로부터 다윗에게로 옮겨가고 있는 사울 왕의 모습을 확연히 볼 수 있습니다. 사울은 점점 망해가고 있는 사람이고, 다윗은 점점 흥해가고 있는 사람입니다. 그 이유는 한 가지입니다. 사울은 하나님께서 떠난 사람이었고, 다윗은 하나님이 동행하는 사람이었기 때문입니다. 사무엘상 16장 14절이 그렇게 말합니다.

> 여호와의 신이 사울에게서 떠나고 여호와의 부리신 악신이 그를
> 번뇌케 한지라 (삼상 16:14).

여호와의 신이 사울에게서 떠났습니다. 하나님이 동행하시기를 그치고 하나님과 분리된 사람이 되자 이 사람은 왕임에도 불구하고 그 때부터 망하는 삶을 계속 진행하기 시작한 것입니다. 오래 살면 살수록 삶이 비참해진 것입니다. 그러나 하나님이 동행하는 사람 다윗은 오래 살면 살수록 그 삶이 빛나기 시작하는 것입니다.

동행을 깨뜨리는 장애물

> 여호와의 손이 짧아 구원하지 못하심도 아니요 귀가 둔하여 듣지
> 못하심도 아니라 오직 너희 죄악이 너희와 너희 하나님 사이를 갈
> 라 놓았고 너희 죄가 그의 얼굴을 가리어서 너희에게서 듣지 않으
> 시게 함이니라 (사 59:1-2).

왜 하나님께서 나의 삶에 동행하시기를 멈추시는가? 왜 하나님께서 내 인생에 함께 하시기를 그만두시고 에덴에서 쫓아내시

듯이 나를 먼 곳에 버려두시는가? 가장 큰 장애물은 우리의 죄입니다. 그 죄의 구체적인 내용은 이러한 것들입니다.

불순종

첫 사람 아담과 하와가 하나님과 동행하며 살던 에덴에서 쫓겨나서 하나님과 분리된 결정적인 이유는 그들의 불순종이었습니다. 하나님께서 사울과의 동행을 취소 해버리신 결정적인 이유도 그의 불순종이었습니다.

> 내가 사울을 세워 왕 삼은 것을 후회하노니 그가 돌이켜서 나를 좇지 아니하며 내 명령을 이루지 아니하였음이니라 (삼상 15:11).

이 말씀 다음에 이어지는 말씀이 이것입니다. "여호와의 신이 사울에게서 떠나버렸다."(삼상 16:14). 하나님께서 그와 동행하기를 멈추신 것입니다.

말씀에서 떠남

하나님의 말씀을 버리고 떠나는 것, 하나님의 약속의 말씀에 귀를 막아버리는 것이 하나님이 우리와 동행하시는데 치명적인 장애가 됩니다. 이스라엘 백성이 하나님과 동행에서 끊어져서 비참한 생활을 하는 결정적인 원인이 바로 이것이었습니다. 그들을 놓고 하나님은 "내 백성은 귀머거리요, 내 백성은 소경"이라고 거듭거듭 탄식하셨습니다. 여호수아에게 "네가 어디로 가든지 너와 동행하겠다"고 약속하실 때에도 조건은 그것이었습니다. "이 율법의 말씀이 네 입에서 떠나지 않게 하고 주야로 그 말씀을 묵상하면!" 그러면 여호수아가 어디로 가든지 함께 하겠다고 하신 것입니다. 말씀에서 떠나는 것이 하나님과 우리가 동행하는데 가장 큰 장애물입니다.

교만과 우상숭배

하나님이 가장 싫어하시는 것이 두 가지입니다. 하나는 교만이고 또 하나는 우상숭배입니다. 교만은 자기가 하나님의 자리에 올라가서 스스로 하나님이 되는 것입니다. 우상숭배는 하나님을 하나님이 아닌 다른 것으로 대체하는 것입니다. 이것은 하나님 외의 다른 것을 하나님 보다 더 사랑하고 신뢰하는 모습으로 나타납니다. 결국 교만과 우상숭배는 모양은 다르지만 본질은 같은 것입니다. 하나님의 하나님이심을 거부하는 것입니다. 이것은 하나님의 존재자체를 부인하는 치명적인 문제입니다. 하나님은 자신이 하나님이 아니시라는 것을 인정해야만 교만과 우상숭배를 인정하는 것이 가능합니다. 그러므로 하나님은 자기 자신을 걸고 교만과 우상숭배를 용납하실 수 없습니다. 하나님 자신을 부인하는 이러한 인생과 어떠한 경우에도 동행할 수 없습니다.

교만은 패망의 선봉이요 거만한 마음은 넘어짐의 앞잡이니라 (잠 16:18).

사무엘이 가로되 왕이 스스로 작게 여길 그 때에 이스라엘 지파의 머리가 되지 아니하셨나이까 여호와께서 왕에게 기름을 부어 이스라엘 왕을 삼으시고 (삼상 15:17).

사무엘이 사울 왕에게 지적한 것 가운데 하나가 이것입니다. "왕이 스스로 작게 여길 그 때에 이스라엘 지파의 머리가 되도록 하나님이 당신에게 기름을 붓지 않았는가? 스스로 작게 여길 때 하나님이 당신과 함께 하셔서 당신을 높이셨다." 그러나 이제 그것을 버렸다는 것입니다.

그들이 돌이켜 다른 신을 좇는 모든 악행을 인하여 내가 그 때에 반드시 내 얼굴을 숨기리라 (신 31:18).

다른 신을 좇는 것은 곧 우상숭배를 말합니다. 우상숭배하면 그 때는 하나님의 얼굴을 숨겨 버리겠다는 것입니다. 함께하지 않겠다는 말씀입니다. 그 앞 절에 있는 16-17절에서는 이렇게 말씀하십니다.

이 백성은 들어가 거할 그 땅에서 일어나서 이방신들을 음란히 좇아 나를 버리며 내가 그들과 세운 언약을 어길 것이라 그 때에 내가 그들에게 진노하여 그들을 버리며 내 얼굴을 숨겨 그들에게 보이지 않게 할 것인즉 그들이 삼킴을 당하여 허다한 재앙과 환난이 그들에게 임할 그 때에 그들이 말하기를 이 재앙이 우리에게 임함은 우리 하나님이 우리 중에 계시지 않은 까닭이 아니뇨 할 것이라 (신 31:16-17).

백성이 이방신들을 섬기고 우상을 섬겨서 하나님이 그들에게 진노하여 얼굴을 숨겨 버리고 그들과 함께 하지 않을 것이라고 말씀합니다. 그 결과로 그들에게 온갖 환난과 재앙이 임할 것이고 그때서야 그들은 하나님이 우리 가운데 계시지 않아서 이런 일이 생겼다, 하나님이 우리와 동행하지 않으시니까 우리 인생이 이렇게 비참하게 됐다 하는 것을 고백하게 될 것이라는 말씀입니다. 이들은 한때 천하 강국인 애굽의 바로 왕을 굴복시키고, 또 홍해를 가르고 육지처럼 건너는 엄청난 기적을 이루어냈습니다. 하나님이 그들과 함께 하셔서 된 일들이었습니다. 그 위대한 경험과 경력을 가지고 있는 이 사람들이, 하나님이 동행하시기를 멈추자 천하에 둘도 없는 비참한 사람들이 되어서 온갖 환난과 재앙을 당하며 그렇게 살아야 했던 것입니다. 그 때 이스라엘 백성의 모습이 오늘날 우리들의 모습임을 확인할 때가 있습니다.

동행의 회복을 위한 첫 걸음

회개

하나님이 동행하시는 삶의 회복을 위하여 시급히 해야 될 일은 회개입니다. 하나님이 동행하시기를 싫어하셔서 그 얼굴을 감추어 버리신 그 죄악과 불신앙의 행위들을 회개하고 그로부터 돌아서는 것입니다. 하나님이 동행하시는 삶을 회복하기 위한 결단이 필요한 것입니다. 하나님은 그것을 기다리고 계십니다.

옛적에 주께서 주의 종 모세에게 명하여 가라사대 만일 너희가 범죄하면 내가 너희를 열국 중에 흩을 것이요 만일 내게로 돌아와서 내 계명을 지켜 행하면 너희 쫓긴 자가 하늘 끝에 있을지라도 내가 거기서부터 모아 내 이름을 두려고 택한 곳에 돌아오게 하리라 하신 말씀을 이제 청컨대 기억하옵소서 (느 1:8-9).

...내가 그들을 그 범죄한 모든 처소에서 구원하여 정결케 한즉 그들은 내 백성이 되고 나는 그들의 하나님이 되리라 (겔 37:23).

내가 내 곳으로 돌아가서 저희가 그 죄를 뉘우치고 내 얼굴을 구하기까지 기다리리라... (호 5:15).

하나님과 동행을 사모하고 실천함

하나님은 우리와 동행할 것을 약속하셨습니다. 어디에서나 약속하십니다. 심지어 사기를 치고 범죄하고 도망가는 광야에 있는 야곱에게도 하나님이 동행하실 것을 약속하셨습니다. 그러나 그 하나님의 약속에 대해서 우리가 해야 될 일은 우리가 하나님이 내 인생에 동행하실 것을 사모하면서 우리가 하나님과 동행하는 삶을 사는 것입니다. 하나님이 우리와 동행하시는 최대의 조건은 우리가 하나님과 동행하는 것입니다. 우리가 하나님과 동행하는 구체적인 방편은 다양합니다. 우리는 말씀으로 하나님과 동행합니다. 우리는 기도로 하나님과 동행합니다. 우리는 예배로 하나님과 동행합니다. 그 밖에도 우리는 하나님께서 주신 사역으로, 순종으로, 신앙공동체의 교제로 하나님과 동행하기도 합니다. 이 책에서는 하나님의 말씀과 기도와 예배로 하나님과 동행하는 삶을 집중적으로 살펴볼 것입니다.

하나님이 동행하시는 삶에는 복된 결과들이 나타난다

최고의 행복은 하나님과 동행하는 것이다

처음 사람 아담과 하와가 누린 가장 큰 행복은 에덴동산을 하나님과 함께 거닐며 하나님과 동행하는 것이었습니다. 마지막에 우리가 영원토록 누릴 가장 큰 행복은 천국에서 보좌에 앉으신 하나님과 어린양 예수와 더불어 천국을 함께 거닐며 동행하는 것입니다.

그러므로 그들이 하나님의 보좌 앞에 있고 또 그의 성전에서 밤낮 하나님을 섬기매 보좌에 앉으신 이가 그들 위에 장막을 치시리니 저희가 다시 주리지도 아니하며 목마르지도 아니하고 해나 아무 뜨거운 기운에 상하지 아니할지니 이는 보좌 가운데 계신 어린 양이 저희의 목자가 되사 생명수 샘으로 인도하시고 하나님께서 저희 눈에서 모든 눈물을 씻어 주실 것임이러라 (계 7:15-17).

얼마나 아름답고 복된 모습입니까? 창조 때 에덴동산의 모습보다 더 감동스럽고 아름답고 풍요로운 모습으로 회복된 것을 보여줍니다. 처음 사람 아담과 하와가 에덴동산에서 하나님과 함께 거닐며 동행하는 것이 첫 사람 아담과 하와에게 최대의 행복이었다면, 우리가 그리스도로 말미암아 하나님과 동행하게 된 것이 우리의 최대의 행복입니다. 하나님과 어린양과 영원토록 천국을 함께 거닐면서 그곳에서 동행하는 것입니다. 그러나 이 동행은 에덴동산에서 있었고 그 다음에 쭉 없다가 죽어서 천국에 가면 그때 비로소 주어지는 회복이 아닙니다. 천국에서의 이 모습은 이 땅에서의 동행이 절정에 이르고 완전히 성취된 모습입니다. 이 땅에 사는 동안 우리는 어떤 식으로든지 하나님과 동행하는 삶을 사는 것이며, 마침내 천국에서 완전하고도 영원한 하나님과 동행을 누리게 됩니다. 그것이 우리의 최대의 행복이고 축복입니다. 에녹은 하나의 실례입니다.

에녹이 하나님과 동행하더니 하나님이 그를 데려 가시므로 세상에 있지 아니하였더라 (창 5:24).

에녹은 이 땅에서 하나님과 동행하며 살았습니다. 그런데 하나님은 그를 죽음을 당하지 않은 채로 하나님께로 데려가셨습니다. 하나님께서 그를 완전하고도 영원한 하나님과의 동행으로 옮겨가신 것입니다. 이것이 에녹의 가장 큰 행복이고 가장 큰 축복이었습니다.

하나님이 동행하시는 삶에는 복된 결과들이 나타난다

영원한 생명을 누림

내 아버지 집에 거할 곳이 많도다 그렇지 않으면 너희에게 일렀으리라 내가 너희를 위하여 거처를 예비하러 가노니 가서 너희를 위하여 거처를 예비하면 내가 다시 와서 너희를 내게로 영접하여 나 있는 곳에 너희도 있게 하리라 (요 14:2-3).

영원한 생명을 얻은 자들이 영원한 생명을 누리며 사는 구체적인 모습은 그들이 하나님과 함께 있다는 것입니다. 하나님이 그들과 함께 있고 이들은 하나님과 함께 있습니다. 천국은 구원을 얻어서 영원한 생명을 가진 사람들이 영원토록 사는 곳입니다. 그런데 요한계시록이 반복적으로 보여주는 천국의 모습은 한 마디로 요약이 됩니다. 저들이 하나님과 그 어린양 예수와 함께 동행하고 있고, 보좌에 앉으신 하나님과 어린양 예수가 저들과 동행하고 있다는 것입니다. 그것이 영원한 생명을 누리는 모습입니다. 지옥은 고통이 있어서 지옥이 아니라, 하나님이 계시지 않아서 지옥입니다. 천국은 열두 진주문과 수정바다가 있어서 천국이 아니라, 하나님과 어린양 예수님이 그곳에 계셔서 천국입니다.

자신의 형통과 복의 근원이 됨

성경은 여러 곳에서 하나님과 동행하는 사람들의 형통을 말합니다. 그리고 그것이 다른 사람에게 복의 근원이 되는 현장들을 보여줍니다. 성경에는 하나님이 그와 동행하신 결과로 다양한 복된 결과들을 얻은 신앙인들의 이야기가 셀 수 없을 정도로 많이 등장합니다. 아브라함, 이삭, 야곱, 모세, 여호수아, 다윗, 사도 바울 등 일일이 열거하기도 어려울 정도입니다. 그 중에서 억울하게 극심한 환난을 당한 가운데서도 하나님이 동행하심으로 복된 삶을 살아낸 대표적인 한 사람이 바로 요셉입니다.

[1]요셉이 이끌려 애굽에 내려가매 바로의 신하 시위대장 애굽 사람 보디발이 그를 그리로 데려간 이스마엘 사람의 손에서 그를 사니라 [2]**여호와께서 요셉과 함께 하시므로** 그가 형통한 자가 되어 그 주인 애굽 사람의 집에 있으니 [3]그 주인이 **여호와께서 그와 함께 하심을 보며** 또 여호와께서 그의 **범사에 형통케 하심을** 보았더라 [4]요셉이 그 주인에게 은혜를 입어 섬기매 그가 요셉으로 가정 총무를 삼고 자기 소유를 다 그 손에 위임하니 [5]그가 요셉에게 자기

집과 그 모든 소유물을 주관하게 한 때부터 여호와께서 요셉을 위하여 그 애굽 사람의 집에 **복을 내리시므로** 여호와의 복이 그의 집과 밭에 있는 모든 소유에 미친지라 ⁶주인이 그 소유를 다 요셉의 손에 위임하고 자기 식료 외에는 간섭하지 아니하였더라 요셉은 용모가 준수하고 아담하였더라 (창 39:1-6).

요셉이 애굽으로 끌려가 한 집에 노예로 팔린 현실에 처했을 때 일어난 일을 말씀하고 있습니다. 1-3절의 핵심은 단 두 마디로 요약됩니다. 여호와께서 요셉과 함께 하셨다. 그랬더니 요셉이 형통한 자가 되었다. 그리고 4-6절에 이어지는 말씀도 두 마디로 요약이 됩니다. 하나님이 요셉을 위하여 그 주인에게 복을 내래셨다. 그랬더니 그 주인의 모든 소유가 복을 받았다. 전체 단락을 요약하면 이렇습니다. 하나님이 요셉과 함께 하셔서 요셉을 형통하게 하셨고, 하나님이 요셉을 위하여 그가 섬기는 주인의 집에도 복을 주셨다는 것입니다. 하나님이 요셉과 함께 하시니까 요셉 자신이 형통하게 되고, 또 다른 사람에게 복이 임하게 되었습니다. 우리가 하나님이 동행하시는 삶을 사는 것은 우리자신을 형통하고 복되게 할 뿐 아니라, 우리와 관련을 맺고 있는 다른 사람을 복되게 하는 가장 확실한 길입니다. 우리 자녀들을 잘되게 하려면 내가 하나님이 동행하는 삶을 사는 부모가 되는 것이 가장 확실한 길입니다. 나는 하나님과 멀리 떨어져 있으면서 자녀들이 복을 받게 하려는 어떤 노력도 효과가 없다는 사실

3. 하나님이 동행하시는 사람에게 나타나는 복된 결과들은
   무엇입니까?

   _____

   _____

   _____

4. 당신이 지금부터 하나님과 동행하는 삶을 살기 위하여 우선적으로
   실천할 것은 무엇입니까?

   _____

   _____

   _____

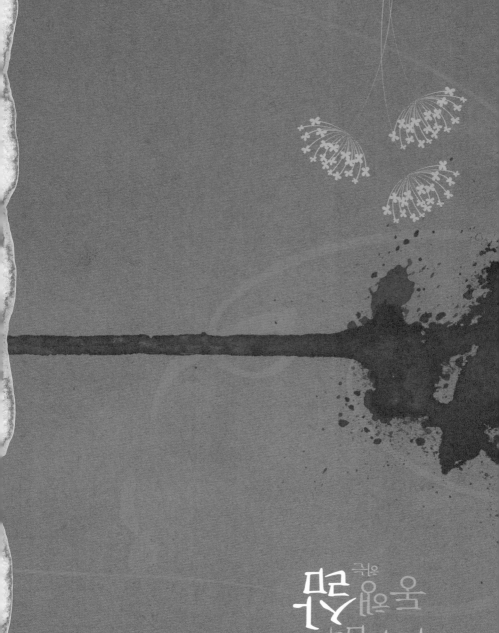

을 알아야 됩니다.

> ²⁰이에 요셉의 주인이 그를 잡아 옥에 넣으니 그 옥은 왕의 죄수를 가두는 곳이었더라 요셉이 옥에 갇혔으나 ²¹**여호와께서 요셉과 함께 하시고** 그에게 인자를 더하사 전옥에게 **은혜를 받게** 하시매 ²²전옥이 옥중 죄수를 다 요셉의 손에 맡기므로 그 제반 사무를 요셉이 처리하고 ²³전옥은 그의 손에 맡긴 것을 무엇이든지 돌아보지 아니하였으니 이는 **여호와께서 요셉과 함께 하심이라** 여호와께서 그의 **범사에 형통케** 하셨더라 (창 39:20-23).

요셉이 어떤 상황에 처해 있는가를 또 이야기합니다. 억울한 누명을 뒤집어쓰고 감옥에 갇힌 죄수의 처지입니다. 그런데 바로 이어서 다시 말합니다. 여호와께서 요셉과 함께 하셨다. 여호와께서 요셉과 함께 하시니까 감옥의 간수가 요셉을 좋아하게 됐다. 마지막 23절에 같은 말을 반복합니다. 여호와께서 요셉과 함께 하셨다. 그래서 그의 범사가 형통하였다. 하나님과 동행하는 사람은 결국 범사가 잘 풀려가게 돼 있습니다. 형통하게 돼 있습니다. 로마서의 말씀대로 하면 모든 것이 합력하여 유익을 이룹니다. 꼬여 보이는 일이 일어날 때가 있지만 결국은 꼬여 보이는 일이 더 좋은 일을 끌고 오는 실마리 역할을 합니다. 그러므로 여호와께서 동행하시는 삶이 우리에게는 가장 큰 복입니다.

동행, 다시 생각해보기

1. 왜 하나님과 동행하며 사는 것이 최대의 복이며, 하나님과 동행에서 끊어지는 것이 최대의 비극입니까?

2. 하나님과 동행하는 삶이란 구체적으로 어떻게 사는 것입니까?

PART 2

말씀으로 동행

우리는
말씀으로
하나님과 동행한다

우리는 무엇보다도 하나님의 말씀으로 하나님과 동행합니다. 하나님의 말씀은 단순히 언어나 문자나 음성을 가리키는 것이 아닙니다. 그 말씀의 주체이신 하나님을 가리킵니다. 하나님의 말씀은 곧 하나님 자신을 의미합니다. 에덴동산에서부터 하나님과 동행하는 구체적인 방편으로 주신 것은 하나님의 말씀입니다. 하나님의 말씀을 간직하고 기억하고 따르고 순종하는 것이 하나님과 동행하는 길입니다. 하나님의 말씀을 버리는 것이 곧 하나님과 동행이 끊어지는 길입니다. 여호수아 1장 5-9절에서도 어디로 가든지 하나님이 동행하며, 무엇을 하든지 형통하게 되는 결정적인 방편은 하나님의 말씀을 묵상하고 지켜 행하는 것이라고 선언합니다. 하나님께서 사울에게서 떠나신 이유도 바로 사울이 하나님의 말씀을 버렸기 때문입니다.

말씀은 하나님과 동행을 누리는 방편이다

말씀 자체가 하나님과 동행을 누리는 방편입니다. 우리가 말씀과 동행하고 있는 그곳이 바로 하나님과 동행하고 있는 현장입니다. 예수께서는 이 신비한 연합을 포도나무와 그 나무에 붙어 있는 가지의 비유를 가지고 설명하셨습니다. 바로 요한복음 15장 4-5절에서 말씀하신 포도나무와 가지 비유입니다.

내 안에 거하라 나도 너희 안에 거하리라 가지가 포도나무에 붙어 있지 아니하면 절로 과실을 맺을 수 없음 같이 너희도 내 안에 있지 아니하면 그러하리라 나는 포도나무요 너희는 가지니 저가 내 안에, 내가 저 안에 있으면 이 사람은 과실을 많이 맺나니 나를 떠나서는 너희가 아무 것도 할 수 없음이라 (요15:4-5).

여기 포도나무가 있습니다. 거기에 가지가 붙어 있습니다. 우리는 그것을 포도나무와 가지가 하나로 붙어 있다고 말합니다. 아니 그 가지를 가리켜 그냥 포도나무라고 말합니다. 무엇을 근거로 그렇게 말하는 걸까요? 단순히 눈으로 보기에 포도나무와 가지가 하나로 붙어 있어서 그렇게 말하는 것이 아닙니다. 포도나무에 칡넝쿨을 잘라다가 철사줄로 꼭꼭 동여매어서 하나로 묶어 놓았다고 그것을 하나라고 하지 않습니다. 비가 오고 천둥 벼락이 치는 날이 있었습니다. 아름드리 밤나무가 있는데 큰 가지 하나가 끊어져서 달랑달랑 매달려 있었습니다. 우리는 그 부러진 가지가 그 밤나무에 붙어 있다고 생각하지 않습니다. 그 가지가 눈에 보기에는 원래 붙어 있던 나무에 여전히 붙어 있습니다. 그러나 더 이상 그 밤나무가 아닙니다. 왜 그런가 하면 그 밤나무가 공급해주고 있는 수액을 이 가지는 받고 있지 않아서 더 이상 나무에 속해 있지 않기 때문입니다. 눈으로 보기에 그 나무에 붙어 있지만 이 나무에 속해 있지 않은 것입니다. 이 나무 안에 있지 않다 그 말입니다. 실제로도 여전히 밤나무에 붙어 있는 것이 사실이지만 부러진 그 가지의 이파리들은 이미 생기를 잃고 시들시들하고 있습니다.

포도나무가 있는데 가지가 붙어 있습니다. 우리는 이것은 한 나무라고 말합니다. 그렇게 말하는 근거는 무엇입니까? 무엇을 기준으로 이 가지는 이 나무에 속해 있다고 말할 수 있는 것입니까? 포도나무는 뿌리를 통하여 땅으로부터 수액을 뽑아 올립니다. 그래서 그것이 나무의 각 부분으로 공급됩니다. 그 수액을 통하여 이 나무는 각 부분이 같은 생명을 소유하게 됩니다. 가지 하나가 포도나무에 붙어서 이것은 하나의 포도나무라고 판정을 내리는 가장 결정적인 기준은 지금 이 나무 원줄기가 빨아들여서 가지들에게 공급하는 그 수액을 똑같이 받고 있는가 하는 것이 기준입니다. 이 나무가 뽑아 올려서 공급하는 이 수액을 이 가지도 여전히 공급받고 있으면 우리는 한 나무라고 합니다. 그러므로 가지가 포도나무에 붙어있어야 한다는 말은 포도나무의 수액을 같이 흡수하고 있어야 한다는 말입니다. 심지어 고염나무에 감나무 가지가 붙어 있어도 고염나무가 빨아들인 것을 감나무 가지가 똑같이 공급 받으며 붙어있으면 이것은 감나무라고 말하지 않습니까?

우리가 하나님 안에, 그리고 하나님이 우리 안에 거하는 이러한 신비한 연합, 신비한 동행을 주님이 지금 말씀하고 있습니다. 어떻게 내가 하나님 안에 있고 하나님이 내 안에 있는 이러한 연합이 가능한가? 내가 하나님 안에 있고 하나님이 내 안에 있다는 이 신비한 동행이 어떻게 가능한가? 예수님은 그것은 가능할 뿐만 아니라, 그렇게 해야만 한다고 말씀하는 것입니다. 그렇지 않으면 열매를 맺을 수 없다고 하십니다. 우리가 주님(하나님) 안에, 그리고 주님(하나님)이 우리 안에 거하는 신비한 동행의 비밀은 바로 하나님의 말씀에 있습니다. 하나의 가지가 포도나무와 하나일 수 있는 비밀이 그 가지가 나무에 붙어서 나무에 흐르는 수액을 공급받는 데 있듯이, 우리가 하나님과 연합하고 동행할 수 있는 비밀은 바로 하나님의 말씀입니다. 우리가 하나님의 말씀 안에 있음으로서 우리가 하나님 안에, 그리고 하나님이 우리 안에 거하게 되는 신비한 연합이 이루어지는 것입니다. 예수님은 앞에 15장 4절, 5절에서 신비한 연합을 말씀하신 다음 10절에 가서 이것이 하나님의 말씀이라고 단정을 내릴 수밖에 없는 확실한 증거를 말씀하셨습니다.

> 내가 아버지의 계명을 지켜 그의 사랑 안에 거하는 것 같이 너희
> 도 내 계명을 지키면 내 사랑 안에 거하리라 (요 15:10).

앞 4-5절을 다시 풀어보면 예수님은 이렇게 말씀하신 셈입
니다. "너희가 내안에 내가 너희 안에 있으면 너희는 과실을 많
이 맺는다. 나와 분리되어서는 너희가 아무 것도 할 수 없다. 너
희는 내 안에 거하라. 그러면 나도 너희 안에 거하겠다. 말하자
면, 내가 포도나무이고 너희는 가지인 것이나 마찬가지이다. 그
러니 가지인 너희는 나무인 나에게 붙어있어야 한다. 그래야 나
로 말미암아 나타나는 열매를 많이 맺을 수 있는 것이다." 그렇
게 말하고 저가 내 안에 있고 내가 저 안에 있는 것이 가능하게
하는 결정적이고 구체적인 방편이 무엇인가, 즉 포도나무로 말
하자면 나무 전체에 흘러야만 되는 수액과 같은 역할을 하는 것
이 무엇인가를 10절에서 말씀하시는 것입니다. "내 계명". 그것
이 바로 말씀입니다. 그러므로 하나님의 말씀은 우리가 하나님
과의 동행을 누리는 구체적인 방편입니다. 하나님의 말씀을 떠
나서 하나님과 하나가 되고, 하나님과 함께 있고, 하나님과 동행
할 수 있는 길은 없습니다. 하나님의 말씀이 하나님과 동행하는
방편입니다.

말씀은 하나님이 우리와 동행하시는 조건이다

하나님의 말씀은 하나님이 우리의 삶에 동행하시기 위한 조건입니다. 여호수아 1장 8-9절은 이것을 분명히 하고 있습니다.

이 율법 책을 네 입에서 떠나지 말게 하며 주야로 그것을 묵상하여 그 가운데 기록한대로 다 지켜 행하라 그리하면 네 길이 평탄하게 될 것이라 네가 형통하리라 내가 네게 명한 것이 아니냐 마음을 강하게 하고 담대히 하라 두려워 말며 놀라지 말라 네가 어디로 가든지 네 하나님 여호와가 너와 함께 하느니라 (수 1:8-9).

네가 어디로 가든지 무엇을 하든지 하나님 여호와가 너와 동행한다는 약속이 주어지고 있습니다. 너의 길이 평탄하고 네가 형통하게 되리라는 약속입니다. 그런데 그것은 하나님 여호와께서 너와 함께 하고, 너와 동행하는 것의 결과라고 말씀합니다. 하나님이 동행하심으로 말미암아 나타나는 결과가 네 길이 평탄하게 되고, 네가 형통하게 되는 것입니다. 그러면 이렇게 함께 하셔서 그런 결과가 이루어지게 할 조건은 무엇입니까? 결과를 먼저 말하고 조건을 말씀하신 것이 아니라, 조건을 먼저 말씀하고 그 조건을 갖추면 나타날 결과를 말씀했습니다. 그 조건이 이것입니다. "이 율법 책을 네 입에서 떠나지 말게 하며 주야로 그것을 묵상하여 그 가운데 기록한대로 다 지켜 행하라". 결국 하나님의 말씀입니다. 하나님의 말씀을 입에서 떠나지 말게 하고, 주야로 묵상하고 그것을 지키라는 것입니다. 하나님의 말씀을 어떻게 할 것인가? 그것이 조건입니다. 그러면 그 조건에 따라 하나님이 함께 하는 것이고, 하나님이 함께 하면 그 다음에 형통케 되는 결과가 저절로 오는 것입니다.

우리는 원인을 소홀히 하고 언제나 결과와 현상만 좇다가 결국은 원인도 망치고 현상도 놓치는 그런 경우가 많이 있습니다. 결국 하나님의 말씀은 하나님이 우리와 동행하시겠다는 약속을 실현하시는 결정적인 조건입니다. 하나님의 말씀과 어떠한 관계를 맺으며 살 것인가 하는 것이 관건인 것입니다. 결국 하나님의 말씀이 하나님이 우리의 삶에 동행하는 조건이고, 하나님이 우리의 길에 동행하는 것이 우리의 길이 평탄하고 형통케 되는 원인인 것입니다. 그러므로 여호수아에게 하나님께서 말씀하신 것처럼, 우리는 하나님의 말씀을 우리의 입에서, 그리고 우리의 생각과 마음에서, 그리고 우리가 가는 길에서 떠나지 말게 하는 일에 마음을 강하게 하고 담대히 해야 되는 것입니다.

오직 내가 이것으로 그들에게 명하여 이르기를 너희는 내 목소리를 들으라 그리하면 나는 너희 하나님이 되겠고 너희는 내 백성이 되리라... (렘 7:23).

말씀이 하나님을 알 수 있는 유일한 길이다

하나님과 동행하는 삶이란 하나님과 교제를 나누며 사는 것을 의미합니다. 동행한다는 것은 같이 있다는 말이지만, 그것은 단순히 육신적으로 또 물질적으로 같은 장소에 있다는 의미에 그치는 것이 아닙니다. 하나님과 동행한다는 말은 하나님과 교제가 있다는 말입니다. 부부가 함께 동거한다는 말을 단순히 한 방에서 몸이 나란히 같이 누워 있다는 말인 것으로만 이해하는 부부는 참으로 불행한 부부입니다. 부부가 같이 동거한다는 말은 단순히 남편의 몸과 부인의 몸이 한 방에 혹은 같은 집에 있다는 그런 의미에 그치는 것이 아닙니다. 동거한다는 말의 진정한 의미는 서로 사이에 교제가 있다는 것입니다. 하나님과 동행하는 삶을 산다는 말은 하나님과 교제를 나누며 산다는 것을 의미합니다. 이것은 하나님과 우리가 서로를 잘 아는 사이가 되는 것을 전제로 합니다. 서로 잘 알아야 교제가 되고, 서로 교제를 한다는 것은 서로가 잘 아는 사이라는 말입니다. 우리는 하나님이 어떤 분이신지, 무슨 일을 하셨고, 또 무슨 일을 하시려는 계획을 가지고 계시는지, 무엇을 좋아하시고 무엇을 싫어하시는지를 알지 않고는 하나님과 교제를 가질 수 없습니다. 이방신을 섬기는 이교도들의 가장 치명적인 약점이 바로 이 부분입니다. 그들은 자기들이 섬기는 신에 대해서 아무것도 알지 못합니다. 다만 무서워할 뿐입니다. 그리고 그 신의 힘을 빌어서 자기의 소원을 성취하려는 욕망 뿐입니다. 그러나 우리는 그렇지 않습니다. 하나님의 성품이 어떠신지, 무엇을 좋아하시는지, 어느 때 기뻐하시는지, 어느 때 노하시는지, 과거에 무슨 일을 하셨는지, 앞으로 무슨 일을 하실 것인지...이것들을 다 압니다. 그리고 하나님도 자기 자신을 드러내어 밝히십니다. 그래서 교제가 이루어지는 것입니다. 하나님과 교제를 나누지 않으면서 하나님과 동행할 수는 없습니다. 다시 말하자면, 하나님을 알지 못하면서 교제를 할 수가 없고, 하나님과 교제가 없으면서 하나님과 동행이 있을 수 없다는 말입니다. 그러므로 하나님과 동행하는 삶을 살려는 사람이 첫째로 해야 하는 일은 하나님을 아는 것입니다. 하나님께서 우리에게 자신을 알려주시는 데는 두 가지 방법이 있습니다.

하나님이 우리에게 자신을 알려주시는 두 가지 방법

자연을 통한 일반계시

하나님은 자연 세계를 통하여 자신을 계시해주십니다. 계시해주신다는 말은 하나님이 자기를 드러내어 나타내 주신다는 말입니다. 하나님은 자연 세계를 통해서 자신을 계시해주십니다. 우리는 이것을 일반계시라고 합니다. 이것은 인간의 존재와 자연계의 운영에 대한 정상적인 이해를 가진 사람이면 누구라도 하나님의 존재를 알아차릴 수 있는 하나님의 일반적 방식의 자기 계시입니다. 인간의 능력과 한계에 대해서 정상적인 이해를 가지고 있는 사람, 그리고 이 자연의 운영과 우주의 운영에 대해서 상식적인 이해를 가지고 있는 사람이라면 하나님의 존재를 알아차릴 수 있는 하나님의 자기 계시 방식입니다. 예를 들어, 인간 존재가 얼마나 유한한지 얼마나 제한적인지 그런데 우주와 피조계에서는 얼마나 인간의 능력을 초월한 일들이 이루어지고 있는지를 알고 있는 사람은 하나의 결론에 이를 수밖에 없습니다. 이 우주를 운영하고 인간의 존재를 운영해 가는 누군가가 있다는 것, 인간을 초월하는 존재가 분명히 있다는 것을 알 수 있다는 말입니다. 창조주가 있다는 것을 알 수 있습니다. 의사들은 인체를 보는 것만 가지고도 누군가 이것을 만든 창조주가 있다는 것을 의심할 수 없다고 합니다. 우주 공학을 연구하는 사람들은 우주의 운행을 보면서 창조주가 있지 않고서는 가능한 일이 아니라고 말한다고 합니다. 이것이 일반계시입니다. 예수를 믿지 않아도 일반계시를 통해서 창조주가 계신다는 것을 알 수 있습니다. 바울도 그 말씀을 하셨습니다.

> 창세로부터 그의 보이지 아니하는 것들 곧 그의 영원하신 능력과 신성이 그 만드신 만물에 분명히 보여 알게 되나니 그러므로 저희가 핑계치 못할찌니라 (롬 1:20).

참으로 무서운 말씀입니다. 나중에 심판대 앞에 서서 나는 몰

랐는데요. 창조주가 있다는 말 나는 들어 보지도 못했는데요 라고 말할 수 없다는 것입니다. 아무도 그것을 하나님을 인정하지 않고 인생을 살아버린 변명거리로 삼을 수 없다는 것입니다. 정상적인 사고력과 이해력과 상식을 가진 인간이라면 하나님은 계실 수 밖에 없다는 것을 누구나 알 수 있는 증거들을 이미 하나님이 주신 것입니다. 하나님은 자신을 그렇게 드러내셨다는 것입니다. 창세로부터 그의 보이지 아니하는 것들 곧 그의 영원하신 능력과 하나님이 계신다는 사실을 분명히 알 수 있도록 만물 가운데 드러내셨으므로, 아무도 핑계를 댈 수 없다는 말씀입니다. 시인은 시편 19편 1-4절에 이 말씀을 더 극적으로 말씀했습니다.

> 하늘이 하나님의 영광을 선포하고 궁창이 그 손으로 하신 일을 나타내는도다. 날은 날에게 말하고 밤은 밤에게 지식을 전하니 언어가 없고 들리는 소리도 없으나 그 소리가 온 땅에 통하고 그 말씀이 세계 끝까지 이르도다. 하나님이 해를 위하여 하늘에 장막을 베푸셨도다 (시 19:1-4).

하늘을 보고 또 밤낮이 바뀌는 것을 보고 자연을 보고 천지를 보면 아무 들리는 음성은 없고 또 말해주는 말소리는 없지만 그것을 보기만 해도 하나님의 손길이 지금 움직이고 있다는 것을 알 수가 있다는 말입니다. 이것을 만드신 어떤 존재를 알 수 있다는 고백입니다. 그러나 일반계시를 가지고는 구원에 이르지 못합니다. 하나님의 존재를 느낄 수는 있고, 알아차릴 수는 있지만, 그러나 죄인이 죄 용서받고 구원에 이르는 일은 알 수 없습니다. 하나님의 자녀가 될 수는 없다는 말입니다. 그래서 하나님은 이 죄된 인생들을 하나님께로 이끌어 와서, 하나님의 자녀로서 하나님과 함께 있게 할 수 있는 길을 본격적으로 알려주시기 위한 다른 방법을 취하셨습니다. 그것이 바로 하나님의 특별계시입니다. 이것은 하나님의 말씀을 통한 계시입니다.

말씀을 통한 특별계시

우리가 일반계시를 통하여 알 수 있는 것은 창조주 하나님, 인간의 능력을 초월하는 초월자 하나님이 존재하신다는 것 정도입니다. 그러나 하나님의 성품이 어떠하신지, 무슨 일을 하셨고, 무슨 계획을 가지고 계시는지, 앞으로 어떤 일을 하실 것인지, 무엇을 좋아하시고, 무엇을 싫어하시는지, 하나님이 정하신 법이 무엇인지, 어느 때 하나님이 축복하시는지 등에 관하여는 알 수 없습니다. 특별히 죄인이 어떻게 죄 문제를 해결하고 구원을 받을 수 있는지 등은 전혀 알 수가 없습니다. 우주를 연구해서는 이것을 알 수 없습니다. 자연계나 인간의 신체를 연구해서는 이것을 알 수 없습니다. 하나님의 이러한 특별한 부분들에 대한 것은 하나님께서 특별한 방법으로 계시해 주셨는데, 그것이 바로 하나님의 말씀, 곧 성경말씀입니다. 우리는 이것을 특별계시라고 말합니다. 하나님이 자신을 드러내서 알려주시는 특별계시를 통해서 우리는 하나님을 알 수 있고, 하나님을 알아야 우리는 하나님과 동행하는 삶을 살 수 있게 되는 것입니다. 그러므로 하나님의 말씀은 우리가 하나님과 동행하는 삶을 사는 데 있어서 반드시 필요한 것입니다.

그러므로 특별계시인 하나님의 말씀이 무엇을 말하고 있는가, 그 핵심이 무엇인가를 잘 아는 것이 매우 중요합니다. 하나님의 말씀이 없이는 하나님을 알 수가 없고, 하나님을 알 수가 없으면 하나님과 교제할 수가 없고, 하나님과 교제가 없으니 하나님과의 동행도 없게 되는 것입니다. 그러니까 말씀이 하나님과 동행하는 삶을 사는데 있어서 결정적으로 중요합니다.

말씀은 하나님이 우리와 교제하시는 대화의 수단이다

인격적인 관계

하나님과의 동행은 하나님과 우리가 인격적인 관계를 맺고 사는 삶을 말합니다. 인격적인 관계를 맺고 사는 삶을 하나님과 동행한다고 말할 수 있습니다. 하나님과 우리 사이에는 법적인 관계와 함께 인격적인 관계가 맺어져 있습니다. 우리는 예수 그리스도로 말미암아 구원을 얻음으로써 하나님의 자녀가 되었습니다. 말하자면 우리는 이제 법적으로 하나님의 호적에 올라간 것입니다. 이것은 영원히 변하지 않는 법률적 관계입니다. 그리고 이것은 단순히 법적으로 부자관계라는 데서 그치는 것이 아니고, 실제로 아버지와 자녀의 복된 관계를 매일의 삶에서 누리는 인격적인 관계를 보장합니다. 법적인 부자관계는 인격적인 관계를 수반하는 것입니다. 그리고 이러한 인격적인 관계의 누림은 둘 사이의 교제를 통하여 실현됩니다. 호적을 떼어보면 법적으로는 분명히 아버지와 아들인데, 서로 떨어져 살면서 한 번도 만나는 일도 없고, 연락을 주고받는 일도 없고, 마음을 나누는 일도 없다면 그 둘 사이는 법적인 부자관계일 뿐, 인격적인 차원에서는 부자 관계가 아닌 남남의 관계로 머물러 있는 것입니다.

하나님과 우리의 관계에도 이 두 가지를 본질로 합니다. 법적인 관계와 인격적인 관계입니다. 법적인 관계는, 우리가 예수를 영접하는 순간 이루어집니다. 사망에서 생명으로 옮겼느니라는 말씀이나, 영접하는 자 곧 그 이름을 믿는 자들에게 하나님의 자녀가 되는 권세를 주셨느니라는 말씀과 같습니다. 즉 우리가 예수님을 영접하는 순간 우리의 신분이 달라진 것입니다. 사망의 권세에 사로 잡힌 자, 공중의 권세 잡은 자의 자식, 죽음의 자식이었는데, 예수님을 영접하고 구원받는 순간 우리의 호적이 옮겨졌습니다. 하나님의 호적에 올라 간 것입니다. 그래서 하나님의 자녀가 된 것입니다. 이것이 법적인 관계입니다. 이것은 절대로 취소되거나 바뀌지지 않습니다. 자식이 아무리 내 속을 썩인다고 내 호적에서 없어져서 내 자식이 아닌 것으로 되지는 않습니다. 법적으로 하나님과 부자 관계입니다. 이것이 법률적인 관계입니다.

그러나 법적인 관계가 확실하면, 그 다음에는 인격적인 관계가 있어야 됩니다. 나는 네 아버지고 너는 내 자식이다, 당신은 내 아버지고 나는 당신의 아들입니다 라는 사실을 누리고 확인하는 관계의 누림이 있어야 된다는 말입니다. 이것이 없다고 해서 법적인 관계가 취소되지는 않습니다. 그러나 법적인 관계가 보장하는 풍성한 인격적인 삶의 행복을 누리지는 못하는 것입니다. 그렇게 사는 사람들이 실제로 많이 있지 않습니까? 너와 나의 부자간의 의를 끊자고 선언하고는 한번 연락도 없이 사는 이들이 있습니다. 그것은 인격적인 부자 관계가 끊어진 것이지 의를 끊자고 각서를 쓰고 아버지와 자식이 아무리 도장을 찍고 헤어졌다 해도 가서 호적 떼어 보면 여전히 아버지와 자식입니다. 하나님과의 관계도 그렇습니다. 우리가 예수 믿고 영접하고 구원 받으면 그 순간 우리는 법적으로 하나님과 부자 관계가 됩니다. 그 법적인 부자 관계는 하나님과 인격적인 관계를 우리에게 누리도록 보장해 줍니다. 인격적인 관계의 누림이 없으면 부모와 자식이라는 관계가 매일의 삶에서 주는 풍성하고도 감동적이고 실질적인 삶의 누림이 없는 메마른 사이가 되어버리는 것입니다.

대화를 통한 인격적인 관계의 누림

인격적인 관계의 누림은 둘 사이의 교제를 통해 이루어집니다. 그리고 이 교제를 가능하게 하는 가장 근본적이고 가장 중요한 수단은 둘 사이의 대화입니다. 두 사람 사이에 인격적인 교제를 가능하게 하는 가장 중요하고 근본적인 첫 출발은 대화입니다. 교제를 한다고 하면서 둘이 만나서 대화를 나누는 일이 없으면 그것은 교제가 없는 것입니다. 대화는 상대방과 말을 주고받는 것입니다. 한쪽은 말하고 한쪽은 듣기만 하면 그것은 대화가 아닙니다. 내가 상대방에게 듣는 말이 있어야 하고, 내가 상대방에게 들려주는 말이 있어야 대화인 것입니다. 그러므로 하나님과의 교제에도 대화가 있어야 하고, 이 대화는 우리가 하나님께로부터 듣는 말과, 우리가 하나님께 들려드리는 말이 있어야 한다는 것을 의미합니다. 우리의 기도가 우리가 하나님께 들려드리는 하나님과의 대화라면, 말씀은 바로 우리가 하나님께로부터 듣고, 하나님께서 우리에게 말씀하시는 대화입니다. 그러므로 하나님의 말씀을 귀 기울여 듣는 것이 하나님과 인격적인 교제를 통한 동행이 이루어지는 삶을 사는 데 있어서 결정적으로 중요한 일인 것입니다.

대화의 수단인 하나님의 말씀

결국 하나님과 동행하는데 있어서 말씀이 결정적으로 중요합니다. 하나님을 알게 해 주는데 있어서 중요할 뿐만 아니라, 하나님과 내가 대화하는 통로가 된다는 점에서도 중요합니다. 어떤 사람은 하나님께 계속 자기 말만 하는 사람이 있습니다. 기도는 죽어라고 열심히 하는데 말씀을 듣지 않는 사람은 하나님과 대화가 제대로 안되고 있는 사람입니다. 하나님께 계속 내 말만 들으라고 하는 것입니다. 일방적입니다. 또 어떤 사람은 하나님의 말씀을 읽고 묵상하고 듣는 일에는 열심이고 책도 많이 보고 집회마다 열심히 참석하여 말씀을 듣는데 기도를 하지 않는 사람이 있습니다. 이것은 계속 듣기만 하고 자기 말은 한마디도 하나님께 들려 드리지 않는 것이나 마찬가집니다. 대화가 안 되는 것입니다. 대화가 없으니 교제가 없습니다. 기도를 통한 대화에 대하여는 다음에 다시 다룰 것입니다. 아무튼 하나님과 대화를 하는데 있어서 정말 중요한 것이 성경말씀입니다. 말씀은 하나님과 우리가 교제하는 대화의 수단입니다. 그러므로 하나님과 동행하는 삶을 살려고 할 때 우리에게 있어서 중요한 것이 말씀입니다.

2

하나님의 말씀인
성경

성경은 무엇을 말하는가?

성경은 그리스도로 말미암는 구원을 말한다

성경은 하나님의 천지창조로부터 이 세상의 종말과 종말 이후의 영원한 세상에 대하여 말씀하고 있습니다. 그런가 하면 한 개인에 얽힌 이야기는 물론 가정의 이야기와 민족과 나라들의 이야기들을 담고 있습니다. 그런가 하면 사랑 이야기는 물론 살인과 전쟁과 범죄 이야기, 실패와 성공의 이야기 등 다양한 내용의 이야기를 담고 있습니다. 그러나 예수님은 이 모든 말씀들이 결국 하나의 이야기, 한 사람에 대한 증거라고 말씀하셨습니다.

너희가 성경에서 영생을 얻는 줄 생각하고 성경을 상고하거니와 이 성경이 곧 내게 대하여 증거하는 것이로다 (요 5:39).

성경은 시간으로 보면 천지가 창조되는 때부터 영원한 천국의 세상까지를 다루고 있습니다. 내용으로 보면 사랑 이야기로부터 배반과 전쟁과 범죄와 분노와 살인과 온갖 종류의 모든 이야기를 담고 있습니다. 그 대상으로 보면 한 개인으로부터 시작해서 열국에 이르는 모든 세상에 이르는 사람들에 이르기까지 다양하고 길고 또 많은 이야기를 하고 있습니다. 그러나 예수님은 이 성경이 예수 그리스도에 대하여 말한다고 한 마디로 요약합니다. 이것은 성경이 예수 그리스도의 일대기라는 말은 아닙니다. 성경이 예수 그리스도에 대하여 증거하고 있다는 말은, 성경은 전체가 하나의 주제 곧 예수 그리스도로 말미암아 이루어지는 구원에 대한 증거라는 의미입니다. 곧 인간의 범죄와 하나님의 구속의 계획, 그리스도를 통한 구속 역사의 성취, 그리고 그 구원에 이르는 길을 제시하고 있는 것입니다. 이것을 가리켜서 성경은 구속의 역사를 말하고 있고 말합니다. 그러므로 우리는 성경을 통하여 인간들의 죄 문제와 죄인들의 구속, 그리고 이러한 일들과 관련한 하나님의 계획과 영원한 뜻, 이 세상 역사의 흐름과 종말들에 대한 진리를 알게 되는 것입니다.

하나님 말씀인 성경을 떠나서는 우리는 인간이 어떻게 죄를 범했으며 그 죄 문제를 해결하는지, 인간이 어떻게 구속을 받는지, 세상은 어떻게 창조되었으며, 어디로 가고 있으며, 결국 어떻게 종말을 맞고 그 이후는 어떻게 될 것인가를 어느 곳에서도 알 수 없습니다. 이 모든 이야기를 하나님은 이 세상과 인생의 구원이라는 큰 계획 아래 성경 안에 다 펼쳐 놓은 것입니다. 한 마디로 요약하면 성경은 그리스도로 말미암은 구속의 역사, 곧 구원을 말한다고 할 수 있습니다. 결국 하나님의 말씀을 통하지 않고는 하나님께로 가는 구원에 이를 수 없고, 하나님께로 가지 않고는 하나님과의 동행이 있을 수 없는 것입니다.

우리는 성경을 통하여 무엇을 얻는가?

우리는 성경을 통하여 구원을 얻는다

우리는 성경에서 영생을 얻습니다. 더 정확히 말하면 성경을 통하여 영생을 주시는 그리스도를 만나게 되고, 그 그리스도를 영접하여 영생을 얻게 됩니다. 예수 그리스도를 믿지 않고는 아무도 구원을 얻을 수 없는데, 성경만이 우리에게 예수 그리스도를 믿을 수 있도록 진리를 제시합니다. 그래서 우리는 성경을 한마디로 그리스도의 복음이라고 말합니다. 다음과 같은 말씀들에서 우리는 이 사실을 확인할 수 있습니다.

너희가 성경에서 영생을 얻는 줄 생각하고 성경을 상고하거니와 이 성경이 곧 내게 대하여 증거하는 것이로다 (요 5:39).

너희가 거듭난 것이 썩어질 씨로 된 것이 아니요 썩지 아니할 씨로 된 것이니 하나님의 살아 있고 항상 있는 말씀으로 되었느니라 (벧전 1:23).

내가 복음을 부끄러워하지 아니하노니 이 복음은 모든 믿는 자에게 구원을 주시는 하나님의 능력이 됨이라 (롬 1:16).

또 네가 어려서부터 성경을 알았나니 성경은 능히 너로 하여금 그리스도 예수 안에 있는 믿음으로 말미암아 구원에 이르는 지혜가 있게 하느니라 (딤후 3:15).

그러므로 모든 육체는 풀과 같고 그 모든 영광이 풀의 꽃과 같으니 풀은 마르고 꽃은 떨어지되 오직 주의 말씀은 세세토록 있도다 하였으니 너희에게 전한 복음이 곧 이 말씀이니라 (벧전 1:24-25).

그러므로 우리는 성경말씀을 듣고 그리스도에 대한 믿음을 얻게 되고, 그리하여 구원을 얻는 것입니다. 말씀을 듣지 않고는 어떤 다른 말로도 그리스도를 알 수 없습니다. 그러므로 말씀을 들어야 합니다. 예수님은 거지 나사로와 부자의 비유에서 이렇게 말씀하였습니다.

모세와 선지자들에게 듣지 아니하면 비록 죽은 자 가운데서 살아

나는 자가 있을찌라도 권함을 받지 아니하리라 (눅 16:31).

부자는 죽어서 지옥에 갔습니다. 나사로는 죽어서 아브라함과 함께 천국에 있습니다. 부자는 아브라함에게 간청을 합니다. 아직도 세상에서 자기처럼 지옥에 올 인생을 살고 있는 자기 형제 다섯 사람에게 나사로를 보내어 지옥이 정말 있으며 그들의 형은 지옥에 있다는 사실들을 자기 형제들에게 말하게 해달라는 것입니다. 그렇게 해서 자기 형제들이 돌이켜 지옥에 오지 않게 해달라는 것입니다. 그 간청을 듣고 아브라함이 부자에게 한 말이 이것입니다. "모세와 선지자들에게 듣지 아니하면 비록 죽은 자 가운데서 살아나는 자가 있을찌라도 권함을 받지 아니하리라." 모세와 선지자들은 신약성경이 구약의 말씀을 가리킬 때 쓰는 전형적인 표현입니다. 본문에서는 아브라함이 부자에게 한 말이지만 사실은 이 비유를 하시는 예수님이 하시는 말씀인 셈입니다. 죽었다가 살아난 사람들의 천국간증이 아니라, 성경의 말씀을 들어야 지옥에 가지 않고 구원을 얻는다고 단정 지어 말씀하시는 것입니다.

우리는 성경을 통하여 신자다워진다

모든 성경은 하나님의 사람들이 온전하게 자라가도록 합니다.

모든 성경은 하나님의 감동으로 된 것으로 교훈과 책망과 바르게

함과 의로 교육하기에 유익하니 이는 하나님의 사람으로 온전케
하며 모든 선한 일을 행하기에 온전케 하려 함이니라 (딤후 3:16-17).

하나님이 원하시는, 하나님의 뜻에 합한, 하나님을 닮아가는
모든 선한 일을 행할 수 있는 사람으로 온전케 한다는 것입니다.
하나님의 말씀이 하나님의 사람을 하나님의 사람답게 변화시키
고 하나님을 닮아가는 사람으로 자라가게 한다는 말씀입니다.
그러므로 신앙운동은 단순히 도덕성 회복이나 도덕 재무장 운동
하고는 본질적으로 다른 것입니다. 하나님과 동행하는 것이 바
로 하나님을 닮아가는 그것입니다.

성경은 누가 기록하였는가?

성경은 인간 저자들을 사용하여 하나님께서 기록하셨다

성경 한 권 안에는 예수님이 오시기 전의 역사를 예수님이 오
시기 전에 기록한 구약 성경과 예수님이 오신 이후의 역사를 기
록한 신약 성경 두 부분으로 되어 있습니다. 구약은 39개의 크고
작은 책, 신약은 27개의 크고 작은 책들로 구성되어 있습니다.
그렇게 66권이 합해져서 한 권이 된 것입니다. 그리고 그 책들이
기록된 기간을 보면 1,500년이고, 그 책들을 기록한 인간 저자의
숫자를 보면 40여 명이 됩니다. 구약은 예수님이 오시기 이전의

사람들이, 신약은 예수님이 오신 이후의 사람들이 기록했습니다. 그러나 하나님께서 성령의 감동으로 사람들을 사용하여 기록하였습니다. 그러므로 근본적인 저자는 하나님이십니다. 성경 말씀은 하나님의 말씀이며, 신적 권위를 가진 정확하고 오류가 없는 말씀입니다.

이 전제와 고백을 부인하고 파괴하려는 온갖 시도들이 구약 때부터 지금까지 지속적으로 진행되어 왔습니다. 지금도 많은 사람들이 그 작업을 하고 있습니다. 그래서 예수의 이야기는 설화라고 주장하기도 하고, 예수는 신화라고 우기는 책을 쓰기도 하였습니다. 성경은 오류가 있는 책이므로 그 내용을 그대로 믿어서는 안된다고 주장하기도 합니다. 그 말들이 때로는 흥미롭고 때로는 그럴 듯하기도 하여 많은 사람들이 그러한 주장에 휩쓸려 말씀에서 떠나거나 말씀을 파괴하는 길로 나가기도 합니다. 그러나 지금까지 하나님을 아는 신실한 그리스도인들은 이것이 하나님의 말씀인 것을 의심 없이 믿어오고 있습니다. 성경이 하나님의 말씀인 것과 신적 권위와 오류가 없는 하나님의 말씀인 것을 그럴듯한 논리와 증거와 설명으로 무너뜨리려하는 말들을 대할 때 그 말에 귀를 기울여서는 안됩니다. 그것은 허탄한 말들이고 하나님의 말씀을 손상시키는 행위입니다. 이러한 행위에는 참으로 무서운 하나님의 저주가 경고로 주어져 있습니다. 디모데후서 3장 16-17절은 성경이 하나님의 영감으로 기록된 것임을 분명히 합니다.

> 모든 성경은 하나님의 감동으로 된 것으로 교훈과 책망과 바르게
> 함과 의로 교육하기에 유익하니 이는 하나님의 사람으로 온전케
> 하며 모든 선한 일을 행하기에 온전케 하려 함이니라 (딤후 3:16-17).

모든 성경은 하나님의 감동으로 되었다는 것은 하나님께서 영감으로 기록하셨다는 말입니다. 그러므로 하나님의 말씀인 성경말씀을 가까이 하는 것이야 말로 우리를 복되게 하는 길입니다. 반면에 성경말씀의 권위를 무시하는 것은 하나님을 무시하는 것이고, 이러한 행위에 대하여는 엄한 심판의 경고가 주어져 있습니다. 이 사실이 너무 확실하고도 중요하기 때문에 성경의 마지막 책인 요한계시록은 말씀으로 말미암는 복으로 시작하여, 말씀의 권위를 무시하는 자들에 대한 경고로 끝맺음을 하고 있습니다.

> 이 예언(성경)의 말씀을 읽는 자와 듣는 자들과 그 가운데 기록한
> 것을 지키는 자들이 복이 있나니 때가 가까움이라 (계 1:3).

> 내가 이 책의 예언의 말씀을 듣는 각인에게 증거 하노니 만일 누
> 구든지 이것들 외에 더하면 하나님이 이 책에 기록된 재앙들을 그
> 에게 더하실 것이요 만일 누구든지 이 책의 예언의 말씀에서 제하

여 버리면 하나님이 이 책에 기록된 생명나무와 및 거룩한 성에 참예함을 제하여 버리시리라 (계 22:18-19).

성경은 어떻게 우리로 하나님과 동행하게 하는가?

성경은 교양이나 학문을 가르치기 위해서가 아니라 우리에게 하나님의 구원에 이르는 지식과 하나님과 동행하는 생활에 필요한 여러 지침을 주기 위해 기록되었습니다. 그러나 말씀은 단순한 지침으로서의 역할에서 머무는 것이 아니라, 말씀자체가 생명이며, 능력입니다.

말씀이 믿음을 불러일으킨다

구원을 얻는 믿음은 하나님의 말씀을 들음으로부터 생깁니다. 다른 이야기들은 감동은 불러일으킬 수 있지만, 구원 얻는 믿음을 불러일으킬 수는 없습니다. 우리가 영화 한편을 보거나 드라마를 보며 감동을 받을 수 있습니다. 그러나 그것들은 감동은 줄 수 있지만 구원 얻는 믿음을 일으키지는 못합니다.

그러므로 믿음은 들음에서 나며 들음은 그리스도의 말씀으로 말미암았느니라 (롬 10:17).

말씀은 살아있는 생명이다

하나님의 말씀은 단순한 글자이거나, 단순한 이야기나 혹은 단순한 문학작품이 아닙니다. 하나님의 말씀은 곧 하나님입니다. 하나님의 말씀은 살아서 역사하는 능력입니다.

태초에 말씀이 계시니라 이 말씀이 하나님과 함께 계셨으니 이 말씀은 곧 하나님이시니라 (요 1:1).

물론 그리스도 예수를 가리켜서 로고스라고 하면서 하신 말씀입니다. 그러나 분명하게 선언하고 있는 것은 이 말씀은 곧 하나님이시라는 것입니다. 히브리서 4장 12절은 이 말씀이 얼마나 예리한 능력이 있는지 분명하게 말하고 있습니다.

하나님의 말씀은 살았고 운동력이 있어 좌우에 날선 어떤 검보다도 예리하여 혼과 영과 및 관절과 골수를 찔러 쪼개기까지 하며 또 마음의 생각과 뜻을 감찰하나니 (히 4:12).

이러므로 우리가 하나님께 쉬지 않고 감사함은 너희가 우리에게 들은바 하나님의 말씀을 받을 때에 사람의 말로 아니하고 하나님의 말씀으로 받음이니 진실로 그러하다 이 말씀이 또한 너희 믿는 자 속에서 역사하느니라 (살전 2:13).

말씀은 우리가 하나님을 닮도록 변화시킨다

하나님의 말씀은 우리를 교훈하고 책망하고 가르치고 훈련함으로써 우리를 온전한 하나님의 사람으로 점점 자라가게 합니다. 하나님의 말씀이 하나님의 사람을 하나님의 사람답게 변화시키는 능력을 가지고 있는 것입니다.

모든 성경은 하나님의 감동으로 된 것으로 교훈과 책망과 바르게 함과 의로 교육하기에 유익하니 이는 하나님의 사람으로 온전케 하며 모든 선한 일을 행하기에 온전케 하려 함이니라 (딤후 3:16-17).

너희도 아는 바와 같이 우리가 너희 각 사람에게 아비가 자기 자녀에게 하듯 권면하고 위로하고 경계하노니 이는 너희를 부르사 자기 나라와 영광에 이르게 하시는 하나님께 합당히 행하게 하려 함이니라 (살전 2:11-12).

말씀이 우리를 어려운 상황에서 살리는 능력이다

이 말씀은 나의 곤란 중에 위로라 주의 말씀이 나를 살리셨음이니이다 (시 119:50).

내가 주의 법도를 영원히 잊지 아니하오니 주께서 이것들로 나를 살게 하심이니이다 (시 119:93).

내 영혼이 진토에 붙었사오니 주의 말씀대로 나를 살아나게 하소
서 (시 119:25).

내가 주의 법도들을 영원히 잊지 아니하오니 주께서 이것들 때문
에 나를 살게 하심이니이다 (시 119:93).

곤란할 때 어려울 때 환난 가운데서 우리가 하나님의 말씀을
붙잡고 다시 소망을 가지고 일어나 살아나는 일이 많이 있습니
다. 주의 말씀이 곤란과 환난과 어려운 구렁텅이에 빠졌을 때 우
리를 건져내는 능력이 됩니다. 시인은 주의 말씀으로 말미암아
살아나는 경험을 함으로써 주의 법도를 잊을래야 잊을 수 없는
사람이 되었음을 고백합니다.

하나님의 도는 완전하고 여호와의 말씀은 정미하니 저는 자기에
게 피하는 모든 자의 방패시로다 (시 18:30).

완전하고 정미한 하나님의 말씀이 방패가 된다는 말입니다.
하나님의 말씀이 우리를 살리시고 우리를 보호하시는 방패가 되
는 것입니다.

말씀이 우리가 유혹을 이기는 능력이다

청년이 무엇으로 그 행실을 깨끗케 하리이까 주의 말씀을 따라 삼 갈 것이니이다 (시 119:9).

내가 주께 범죄하지 아니하려 하여 주의 말씀을 내 마음에 두었나 이다 (시 119:11).

나의 발걸음을 주의 말씀에 굳게 세우시고 어떤 죄악도 나를 주관 하지 못하게 하소서 (시 119:133).

죄의 미혹과 유혹의 멸망으로부터 말씀이 우리를 지킨다는 고백입니다. 그것이 능력입니다. 예수님도 광야에서 사단의 3번 에 걸친 시험을 모두 하나님의 말씀으로 물리치고 이기셨습니다 (마 4:1-10).

말씀이 우리를 지혜롭게 한다

지혜는 지식과는 다른 것입니다. 지혜는 하나님을 사랑하고 하나님의 말씀을 깊이 사모하는 사람에게 하나님이 은혜로 주시 는 분별력입니다. 지식은 학력과 공부 양에 따라 거의 절대적으 로 비례합니다. 공부를 많이 한 사람, 학력이 좋은 사람은 지식이 많습니다. 지식은 자신이 노력하여 획득한 정보의 양입니다. 그리고 어떤 정보에 대한 인식 능력과 정보를 분석하고 종합하는 능력입니다. 안 배운 사람은 가질 수 없는 것입니다. 그러나 지혜는 그렇지 않습니다. 지혜는 정보와 관련된 것이 아니고 분별과 관련된 것입니다. 지혜는 분별력입니다. 말씀은 우리에게 이 지혜를 줍니다. 하나님의 말씀은 말씀을 사랑하는 사람에게 지혜가 있게 하여 분별력이 있는 삶을 사는 능력을 갖게 합니다.

우리는 지식은 없이도 살 수 있지만 지혜가 없으면 자꾸 삶을 실패합니다. 나는 수학에 대한 지식이 거의 없습니다. 나는 지금도 수학 때문에 당황하는 꿈을 꾸곤 합니다. 그렇지만 수학을 잘 모르는 것이 일상을 살아가는 데 전혀 문제가 되지 않습니다. 달나라를 어떻게 가는가? 우주공학이 어떻게 되는지 전혀 몰라도 상관없습니다. 그러나 지혜가 없으면 삶을 자꾸 실패합니다. 실수가 많습니다. 낭패를 자꾸 당합니다. 학벌은 매우 낮은데, 그분을 만나고 오면 왠지 마음이 후련해지고, 아 이렇게 해야겠구나 하는 분별이 생기는 분들이 종종 있습니다. 지혜가 있는 사람들입니다. 하나님의 말씀을 사랑하는 사람들은 말씀을 통한 지혜를 얻게 됩니다. 시편 119편의 기자는 이런 경험을 숱하게 한 것 같습니다.

주의 말씀을 열므로 우둔한 자에게 비취어 깨닫게 하나이다 (시 119:130).

주의 계명이 항상 나와 함께하므로 그것이 나로 원수보다 지혜롭게 하나이다 (시 119:98).

내가 주의 증거를 묵상하므로 나의 명철함이 나의 모든 스승보다 승하며 주의 법도를 지키므로 나의 명철함이 노인보다 승하니이다 (시 119:99-100).

주의 말씀은 내 발에 등이요 내 길에 빛이니이다 (시 119:105).

주의 말씀이 내 발을 어디로 내딛어야 할 것인지, 내가 어떤 길로 가야 될 것인지를 깨닫게 하신다는 것입니다. 이것이 바로 말씀으로 말미암은 지혜입니다.

3

하나님과 동행하는
말씀 듣기

우리는 하나님의 말씀을 들음으로 하나님과 동행합니다. 그
러므로 성경은 처음부터 끝까지 우리에게 하나님의 말씀을 들으
라고 합니다.

너희는 귀를 기울이고 내게 나아와 들으라 그리하면 너희 영혼이
살리라... (사 55:3).

야곱 집과 이스라엘 집 모든 가족아 나 여호와의 말을 들으라 (렘 2:4).

내가 너희 열조를 애굽 땅에서 인도하여 낸 날부터 오늘까지 간절
히 경계하며 부지런히 경계하기를 너희는 내 목소리를 청종하라
하였으나 (렘 11:7).

땅이여, 땅이여, 땅이여, 여호와의 말을 들을지니라 (렘 22:29).

하나님께서 우리에게 하나님의 말씀을 들으라고 하실 때 그것은 단순히 귀로 청취하라는 의미에 그치는 것이 아닙니다. 하나님의 말씀을 듣는 것은 단순히 우리의 귀와 관련된 문제가 아닙니다. 그러므로 성경은 말씀을 듣지 않는 사람을 가리켜 다양하게 말합니다. 귀머거리라고 할 뿐만 아니라, 때로는 목이 곧은 사람이라고 하고, 때로는 소경이라고 하고, 때로는 마음이 강퍅한 사람이라고 합니다. 분명한 것은 하나님의 말씀을 듣는다는 것은 단순히 귀로 어떤 소리를 인식하는 행위가 아니라는 것입니다. 하나님께서는 이스라엘 백성들이 하나님의 말씀을 듣지 않는다는 것을 지적하시기 위하여 마음과 귀에 할례를 받지 못한 사람들이라고 책망하셨습니다. 모세는 광야에서 행한 마지막 고별설교에서 이스라엘 백성이 하나님의 말씀을 들어야 한다는 말을 이렇게 했습니다.

이스라엘아 듣고 삼가 그것을 행하라 그리하면 네가 복을 받고 네 조상들의 하나님 여호와께서 네게 허락하심 같이 젖과 꿀이 흐르는 땅에서 네가 크게 번성하리라 이스라엘아 들으라 우리 하나님 여호와는 오직 유일한 여호와이시니 너는 마음을 다하고 뜻을 다하고 힘을 다하여 네 하나님 여호와를 사랑하라 오늘 내가 네게 명하는 이 말씀을 너는 마음에 새기고 (신 6:3-6).

모세의 권면에 의하면 하나님의 말씀을 듣는다는 것은 최소한 세 가지를 가리킵니다. 그 말씀을 행하는 것이요, 말씀을 하신 하나님 여호와를 사랑하는 것이요, 말씀을 마음에 새기는 것입니다.

예수님은 우리가 하나님의 말씀을 듣는 일을 두고 다음과 같이 말씀하셨습니다.

그러므로 너희가 어떻게 듣는가 스스로 삼가라 (눅 8:18).

말씀을 듣는 사람들의 종류

트집 잡기 위하여 듣는 사람

예수님의 말씀을 듣기 위하여 예수님을 따랐던 무리 가운데서 가장 정신을 바짝 차리고 세밀하게 들었던 사람들은 바리새인과 서기관들이었습니다. 그들은 예수님의 수강생들 가운데 수강 태도가 가장 훌륭한 사람들이었습니다. 그러나 그들이 예수님의 말씀을 그렇게 놓치지 않고 열심히 듣는 목적은 다른 데 있었습니다. 예수님의 말씀으로부터 트집을 잡아서 예수님을 공격하려는 마음으로 그렇게 열심히 들었습니다.

건성으로 듣는 사람

베드로는 예수님께서 메시야의 사역을 완수하기 위하여 죽을 것을 말씀하시자, 죽을 수 없다며 가로막고 나섰습니다. 그는 주는 그리스도시요 살아계신 하나님의 아들이라고 고백하였습니다. 예수님은 만족해하시면서 이제 한 차원 더 나아간 진리를 계시하면서 주님께서 죽을 것을 말씀하셨습니다. 그러자 베드로는 그 말씀의 중심 의미를 알아듣지 못하고 죽지 말라고 가로막고 나섰습니다. 또 제자들은 예수님께서 죽은 지 사흘만에 다시 살아날 것과 갈릴리로 가서 거기서 만날 것을 여러 차례 말씀하셨음에도 아무도 예수님의 부활을 믿지 않았습니다. 부활한 예수님을 가리켜 유령이라고까지 하며 믿지 않았습니다. 그리고 아무도 갈릴리로 가지 않았습니다. 사실 부활 후 승천하시기까지 40일 동안 예수님께서 하신 일은 이 제자들을 다시 회복시키는 일이었습니다. 그들은 예수님을 가장 가까이서 따르면서도 예수님이 하신 말씀들은 건성으로 듣고 흘려버렸던 것입니다.

그들은 예수의 살으셨다는 것과 마리아에게 보이셨다는 것을 듣고도 믿지 아니하니라 그 후에 저희 중 두 사람이 걸어서 시골로 갈 때에 예수께서 다른 모양으로 저희에게 나타나시니 두 사람이 가서 남은 제자들에게 고하였으되 역시 믿지 아니하니라 (막 16:11-13).

이 말을 할 때에 예수께서 친히 그 가운데 서서 가라사대 너희에게 평강이 있을지어다 하시니 저희가 놀라고 무서워하여 그 보는 것을 영으로 생각하는지라 (눅 24:36-37).

새겨듣고 깨닫는 사람

그런가 하면 예수님의 청중들 가운데 한 여자는 예수님의 말씀을 듣고 가서 옥합을 가지고 와서 예수님께 부어드렸습니다. 이 여자는 근래에 예수님이 하시는 말씀을 듣고 그 말씀이 무엇을 의미하는가를 알아들은 것이었습니다. 그래서 옥합을 가지고 와서 깨뜨렸습니다. 그런데 예수님의 죽음에 대한 말씀을 건성으로 들은 제자들은 왜 옥합을 깨뜨려서 향유를 낭비하는가, 300 데나리온에 팔아서 구제 헌금을 내면 얼마나 많은 사람을 도와줄 수 있는데 왜 이런 짓을 하는가 하고 책망을 했습니다. 그러자 예수님께서 "가만 두어라, 이 여자는 내 장례를 준비한 것"이라고 인정하시면서 앞으로 복음이 증거되어 예수님의 이름이 말해지는 곳에는 이 여자가 한 이 일도 같이 말해질 것이라는 놀라운 칭찬을 하셨습니다. 예수님이 하신 말씀의 중심을 알아들은 여자였습니다.

한 여자가 매우 귀한 향유 한 옥합을 가지고 나아와서 식사하시는 예수의 머리에 부으니…. 이 여자가 내 몸에 이 향유를 부은 것은 내 장사를 위하여 함이니라 (마 26:7, 12).

호의를 품고 듣는 사람

> 베뢰아 사람은 데살로니가에 있는 사람보다 더 신사적이어서 간
> 절한 마음으로 말씀을 받고 이것이 그러한가 하여 날마다 성경을
> 상고하므로 그 중에 믿는 사람이 많고... (행 17:11).

베뢰아 사람들은 사도 바울이 전하는 말씀에 대하여 신사적
이었습니다. 신사적이라는 말은 말씀에 대하여 호의적인 태도를
가졌다는 말입니다. 말씀에 대하여 긍정적이었다는 말입니다.
그래서 그들 가운데에 믿는 사람이 많아졌습니다.

믿음으로 듣는 사람

데살로니가 교회 교인들은 사도 바울이 전하는 복음의 말씀
을 사람의 말이 아니라 하나님의 말씀으로 들었습니다. 사도 바
울은 그것이 그렇게 감사하였습니다. 그들이 들은 말씀이 그들
속에서 역사하였고, 그들로 말미암아 말씀의 소문이 그곳에서
먼 지역에까지 퍼져나가게 되었습니다. 그들은 믿음으로 말씀을
듣는 사람들이었습니다.

이러므로 우리가 하나님께 쉬지 않고 감사함은 너희가 우리에게
들은 바 하나님의 말씀을 받을 때에 사람의 말로 아니하고 하나님
의 말씀으로 받음이니 진실로 그러하다 이 말씀이 또한 너희 믿는

자 속에서 역사하느니라 (살전 2:13).

유익이 되는 듣기와 화가 되는 듣기

베드로의 청중과 스데반의 청중

베드로의 청중과 스데반의 청중은 말씀을 듣는 일에 있어서 극단적으로 대조를 이루었습니다. 베드로의 청중은 말씀을 들으며 마음에 찔림이 되자 회개하여 구원을 얻었습니다. 스데반의 청중은 듣는 말씀이 마음에 찔림이 되자 말씀을 전하는 스데반을 향하여 분노하고 이를 갈며 소리를 지르고 쫓아가서 끌어내다 버렸습니다. 그것으로도 화가 안 풀려서 결국 말씀을 전한 스데반을 돌로 쳐서 죽이고 말았습니다.

> 저희가 이 말(베드로가 전하는 말씀)을 듣고 마음에 찔려 베드로와 다른 사도들에게 물어 가로되 형제들아 우리가 어찌할꼬 하거늘 베드로가 이르되 너희가 회개하여 각각 예수 그리스도의 이름으로 세례를 받고 죄 사함을 받으라 그리하면 성령의 선물을 받으리니 (행2:37-38).

> 그 말을 받는 사람들은 세례를 받으매 이 날에 제자의 수가 삼천이나 더하더라 (행 2:41).

포인트는 이것입니다. 베드로가 하나님의 말씀을 전했습니다. 사람들이 들었습니다. 듣는 가운데 그 말씀이 자기들의 마음을 찌르는 것을 느꼈습니다. 말씀이, 설교가 마음을 찌르자 이 청중은 베드로에게 우리가 어떻게 하면 좋은가, 이 문제를 어떻게 해결할 수 있겠는가 하고 물었습니다. 그랬더니 베드로가 너희가 회개하고 세례를 받아야 한다고 말했습니다. 그리고 그리스도를 증거했습니다. 그랬더니 그들이 그렇다면 우리가 회개하고 세례를 받겠다고 하였고, 그렇게 한 사람이 그날 하루에 삼천 명이었습니다. 그러나 스데반의 청중은 달랐습니다. 스데반은 이 사람들을 가리켜 목이 곧고 마음과 귀에 할례를 받지 못한 사람들이며, 그러한 행위는 성령을 거스리는 것이라고 단정지어 말했습니다(행 7:51). 그러자 베드로의 청중들과 똑같이 그들도 마음에 찔렸습니다. 그러나 마음을 찌르는 말씀에 대한 반응은 정반대였습니다.

> 저희가 이 말(스데반이 전하는 말씀)을 듣고 마음에 찔려 저를 향하여 이를 갈거늘 … 저희가 큰 소리를 지르며 귀를 막고 일심으로 그에게 달려들어 성 밖에 내치고 돌로 칠째 증인들이 옷을 벗어 사울이라 하는 청년의 발 앞에 두니라 (행 7:54, 57-58).

스데반의 말을 듣고 저희가 마음에 찔려 그 말을 하는 스데반을 향하여 이를 갈고, 그것으로도 마음이 풀리지 않아서, 큰 소리를 지르고 그 말을 듣지 않겠다는 행동의 표현으로 귀를 막고, 모두가 마음이 하나 되어 스데반에게 달려가서 그를 질질 끌어다가 동구 밖에다 내치고, 그래도 분이 안 풀려서 돌을 던져서 죽여버렸습니다. 스데반은 돌 더미에 묻혀서 죽었습니다. 하나님의 말씀을 듣다가 마음에 찔리면 어떻게 해야 됩니까? 베드로의 청중처럼 해야 됩니까? 스데반의 청중처럼 해야 됩니까? 유익이 되는 듣기와 화가 되는 듣기가 있습니다.

서기관과 대제사장들

서기관과 대제사장들, 그리고 바리새인들은 듣는 말씀의 의미가 무엇인지는 정확히 알아들었습니다. 듣는 말씀의 이해력에 있어서는 뛰어난 사람들입니다. 예수님이 지금 무슨 말을 하고 있다, 지금 하고 있는 말씀이 누구를 가리켜서 하는 말이다, 누구의 어떤 점을 가지고 지금 말하고 있다, 하는 것을 누구보다 정확이 알아들었습니다. 그러나 그것이 자기들의 주장이나, 전통, 그리고 이익과 대치되는 것들은 결코 용납할 수가 없었습니다. 무엇을 듣고 무엇을 듣지 않을 것인지를 이미 정해놓고 듣는 사람들이었습니다. 이런 사람들은 결국은 그 말씀을 하는 예수님 자신을 제거해버리려는 음모를 거리낌 없이 추진하는데까지 나아갔습니다. 대제사장과 서기관 같은 사람들은 말씀을 누구보다 열심히 경청했지만 그렇게 열심히 들은 것 때문에 결국 예수님을 잡아 죽이기로 작정을 했고, 그것이 그들에게 큰 화가 되었습니다.

> 서기관들과 대제사장들이 예수의 이 비유는 자기들을 가리켜 말씀하심인 줄 알고 즉시 잡고자 하되 백성을 두려워하더라 (눅 20:19).

> 예수께서 날마다 성전에서 가르치시니 대제사장들과 서기관들과 백성의 두목들이 그를 죽이려고 꾀하되 백성이 다 그에게 귀를 기울여 들으므로 어찌할 방침을 찾지 못하였더라 (눅 19:47-48).

그러므로 하나님의 말씀은 우리 마음에 맞는가, 거슬리는가를 기준으로 듣는 태도를 버려야 합니다. 그것이 하나님의 말씀이기 때문에 들으려는 자세를 가져야 합니다. 하나님의 말씀은 그 내용이 무엇이든지 결국은 듣는 사람에게는 복이 됩니다.

> 우리가 당신을 우리 하나님 여호와께 보냄은 그의 목소리가 우리에게 좋고 좋지 아니함을 물론하고 청종하려 함이라 우리가 우리 하나님 여호와의 목소리를 청종하면 우리에게 복이 있으리이다 (렘 42:6).

유익이 되는 말씀 듣기를 위한 조건

저희와 같이 우리도 복음 전함을 받은 자이나 그러나 그 들은 바 말씀이 저희에게 유익되지 못한 것은 듣는 자가 믿음을 화합지 아니함이라 (히 4:2).

말씀을 수없이 듣는데도 그 말씀이 유익이 없는 이유는, 듣는 사람이 믿음을 화합하지 않기 때문이라는 선언입니다. 건성으로 듣거나, 트집을 잡으려고 듣거나, 아니면 자기가 듣고 싶은 말만 골라 듣기 때문에 말씀이 듣는 자에게 아무런 유익이 없는 것입니다. 말씀에 대한 호의와 믿음을 가지고 말씀을 새겨듣고, 깨달아서 유익을 얻으려는 기대를 가지고 듣지 않으면 하나님과 동행하는 말씀 듣기는 불가능합니다. 결국 히브리서 말씀대로 믿음을 화합한 듣기여야 됩니다. 듣는 자가 믿음을 화합한다는 말은 말씀을 그대로 받아들인다는 말입니다. 그것이 하나님과 동행하도록 유익을 주는 말씀 듣기입니다. 시편 기자는 말씀을 사모하며 듣는 자기의 모습을 이렇게 고백하였습니다.

주의 규례들을 항상 사모함으로 내 마음이 상하나이다 (시 119:20).

내가 주의 계명들을 사모하므로 내가 입을 열고 헐떡였나이다 (시 119:131).

4

하나님과 동행하는
말씀생활

귀로 듣기와 눈으로 듣기

우리는 주로 두 가지 방식을 통하여 하나님의 말씀을 듣습니다. 첫째는 선포되는 말씀(설교)을 귀로 들음으로써 하나님의 말씀을 듣습니다. 둘째는 기록된 말씀(성경)을 눈으로 읽음으로써 하나님의 말씀을 듣는 것입니다. 그런데 오늘날 대부분의 그리스도인들은 강단에서 선포되거나 그룹에서 둘러앉아 나누는 말씀을 귀로 들음으로써 하나님의 말씀을 듣습니다. 그러나 귀로 듣기에만 의존하는 말씀 듣기만으로는 부족합니다. 하나님과 동행하는 말씀 듣기는, 선포되는 말씀을 귀로 듣는 말씀 듣기와 기록된 말씀을 자신의 눈으로 읽는 말씀 듣기가 균형있게 이루어져야 합니다.

누리는 놀라운 복

　자유롭게 말씀을 읽을 수 있다는 것은 놀라운 복입니다. 요즈음은 누구나 성경을 구입하여 읽을 수 있습니다. 그러나 그런 혜택을 누리게 된 것이 그리 오래 되지 않았습니다. 과거에는 책을 손으로 필사했으므로 성경이 귀했습니다. 신약시대에는 회당에서 성경을 낭독했는데 하나밖에 없기 때문에 한 사람이 읽어주면 다른 사람들은 귀로 듣기만 했습니다. 읽고 싶어도 읽을 수가 없었습니다. 인쇄기가 발명된 후 성경이 인쇄되긴 했지만 값이 엄청나게 비쌌습니다. 또 성경 대부분이 라틴어로 번역되어 있어서 일반인들이 자기 나라 말로 읽을 수 없었습니다. 오늘날도 자기 나라 말로 된 성경을 갖고 있는 종족은 그리 많지 않습니다. 게다가 중세시대에는 평신도가 성경을 소유하고 읽는 것을 금하였습니다. 사제들만 성경을 읽고 평신도는 성경을 가질 수도 읽을 수도 없었습니다. 어느 곳에서는 기독교를 탄압하기 위하여 성경을 읽는 것은 물론, 소지하는 것도 국가의 법으로 금하여 처벌하는 곳이 지금도 많이 있습니다. 지금도 수십억의 사람들이 성경을 읽을 수도, 소지할 수도 없는 처지에서 살고 있습니다. 수년 전, 식량이 없어서 굶주리는 북한의 어느 할머니는 소원이 무엇이냐고 묻는 질문에 이렇게 대답하였다고 합니다. "내래, 큰 글자로 된 내 성경 한 권 갖는 게 소원이디!" 우리가 언제라도, 어디서라도 자유롭게 싼 값으로 성경을 구입해서 읽어서 하나님의 말씀을 들을 수 있다는 것은 놀라운 복입니다. 그러므로 귀로 듣기와 함께 눈으로 읽는 하나님 말씀 듣기가 참으로 중요한 것입니다.

부분을 천천히 읽기와 전체를 빨리 읽기

성경을 읽는 방법에는 어느 부분을 깊이 생각하고 살피며 천천히 읽는 방법과 전체의 흐름과 분위기 등을 파악하기 위한 빨리 읽기의 방법이 있습니다. 앞의 것이 정독이고, 뒤의 것이 통독입니다. 앞의 것을 나무를 보는 읽기라면, 뒤의 것은 숲을 보는 읽기라고 할 수 있습니다. 성경의 말씀을 효과적으로, 그리고 정확하게 듣기 위해서는 이 두 가지 읽기 방법이 균형있게 이루어져야 합니다. 그러나 아무런 생각이나 깨달음도 없이 무조건 읽은 회수를 늘리기 위한 통독은 삼가야 합니다.

균형 있는 말씀생활

균형 있는 말씀생활은 선포되는 말씀을 듣는 것과 기록된 말씀을 읽는 것 사이에서, 그리고 빨리 읽기와 천천히 읽기 사이에서만이 아니라, 다른 곳에서도 이루어져야 합니다. 성경에서 하나님의 말씀을 들으라, 혹은 청종하라는 말씀은 단순히 소리를 알아듣거나, 글자를 인식하라는 의미가 아닙니다. 말씀을 듣는다는 것은 그 안에 말씀에 대한 우리의 행위와 관련된 다양한 모습들을 포함하고 있습니다. 그것은 1)말씀을 사모하는 것, 2)말씀을 묵상하는 것 3)말씀을 깨닫는 것 4)말씀을 행하는 것 5)말씀을 나누는 것 등입니다. 그리고 우리의 말씀 듣기는 이러한 구체적인 행위들이 균형있게 이루어져야 효과있는 하나님과 동행하는 말씀생활로 이어질 수 있습니다.

말씀 사모하기

하나님과 동행하는 말씀생활은 말씀을 사모하는 것으로부터 시작합니다. 성경 안에서나 교회의 역사에 있어서나, 하나님과 동행한 신실한 신앙인들은 언제나 하나님의 말씀을 사랑하고, 즐거워하고, 그리고 가장 값진 것으로 여기는 인생철학을 가지고 살았습니다. 그래서 그 말씀을 그치지 않고 사모하며 산 것입니다. 하나님의 말씀을 사모하는 것은 말씀의 능력이 충만한 삶을 사는 첫 단계입니다. 죄된 우리의 본성과 세상, 그리고 마귀는 신자가 말씀을 사모하는 것을 막으려고 온갖 방해를 합니다. 우리는 그러한 방해를 의지적으로 이기고 말씀을 사모하는 자리에 이르는 것입니다. 그러므로 말씀 사모하는 것 자체가 이미 능력입니다. 하나님의 말씀을 사모하는 모양은 여러 가지 방식으로 표현됩니다.

그러므로 내가 주의 계명을 금 곧 정금보다 더 사랑하나이다 (시 119:127).

내가 모든 재물을 즐거워함 같이 주의 증거의 도를 즐거워하였나이다 (시 119:14).

주의 말씀의 맛이 내게 어찌 그리 단지요 내 입에 꿀보다 더하니이다 (시 119:103).

주의 입의 법이 내게는 천천 금은보다 승하니이다 (시 119:72).

주의 규례를 항상 사모함으로 내 마음이 상하나이다 (시 119:20).

내 눈이 주의 구원과 주의 의로운 말씀을 사모하기에 피곤하니이다 (시 119:123).

진리의 말씀이 내 입에서 조금도 떠나지 말게 하소서 내가 주의 규례를 바랐음이니이다 (시 119:43).

내가 주의 계명을 사모하므로 입을 열고 헐떡였나이다 (시 119:131).

말씀 묵상하기

말씀을 묵상하는 것은 더 주의를 기울여서 성경을 읽는 것입니다. 묵상을 통하여 우리는 말씀을 생각하게 되고, 연구하게 되고, 또 말씀 속으로 들어가게 됩니다. 한 마디로 말하면 묵상은 성경말씀을 깊이 생각하며 읽는 것입니다. 묵상을 통하여 우리는 성경을 그냥 줄줄 읽어대는 것으로부터 한 단계 더 나아가는 것입니다. 생각하면서 그리고 살펴보면서 읽는 것입니다.

복있는 사람은 악인의 꾀를 좇지 아니하며 죄인의 길에 서지 아니하며 오만한 자의 자리에 앉지 아니하고 오직 여호와의 율법을 즐거워하여 그 율법을 주야로 묵상하는 자로다 (시 1:1-2).

주의 말씀을 묵상하려고 내 눈이 야경이 깊기 전에 깨었나이다 (시 119:148).

내가 주의 법을 어찌 그리 사랑하는지요 내가 그것을 종일 묵상하나이다 (시 119:97).

...이 율법서를 등사하여 평생에 자기 옆에 두고 읽어서 그 하나님 여호와 경외하기를 배우며 이 율법의 모든 말과 이 규례를 지켜 행할 것이라 (신 17:18-19).

베뢰아 사람들은 데살로니가에 있는 사람보다 더 신사적이어서 간절한 마음으로 말씀을 받고 이것이 그러한가 하여 날마다 성경을 상고하므로 (행 17:11).

말씀 묵상은 특별한 때 한 번씩 하는 이벤트나 기념비적인 일이 아닙니다. 말씀을 묵상하는 것은 위의 말씀들이, "야경이 깊기 전에", "종일", "매일"이라고 말씀하는 것처럼, 규칙적으로, 그리고 지속적으로 해야 합니다. 말씀 묵상은 습관적으로 해야 되는 일입니다. 그것이 삶의 한 부분이 되어야 하는 것입니다. 시간을 정하고, 장소를 정하고, 그리고 성경의 특별한 책을 정해가면서 지속적으로 해야 합니다. 특히 규칙적으로 그리고 지속적으로 하는 것이 중요합니다. 지속적으로 하다가 중단되면 다시 시작하면 됩니다. 몇 번 중단하고 다시 시작하기를 반복하다 보면 어차피 지속적으로 하지 못할 것이 확실하니 처음부터 결심을 하지 않기로 하는 사람들이 있습니다. 이것이 말씀 묵상을 포기하게 하는 무서운 함정입니다. 우리는 연약해서 결심하지만 어느 정도 계속하다가 중단하게 됩니다. 그러면 또 다시 시작하는 것입니다. 중단했다가 다시 시작하고, 중단했다가 다시 시작하고... 그렇게 이어온 우리의 평생을 놓고 보면 계속 말씀과 함께 살아온 것이 됩니다. 그러니까 어떤 상황으로 말씀 묵상을 중단한 채 한동안 지내온 것 때문에 또 다시 시작할 수 있는 기회를 포기하지 말아야 합니다. 말씀 묵상은 하나님과 동행하는 말씀 생활에 있어서 매우 중요한 일입니다.

말씀 깨닫기

말씀을 묵상하는 일차적인 목적은 말씀을 깨닫기 위함입니다. 그러므로 묵상은 자연히 말씀 깨달음과 연결되어 있습니다. 말씀을 묵상하는 사람은 말씀 깨닫기를 열망합니다. 이것이 우리가 말씀을 묵상하고 말씀을 암송하는 것이 다른 종교를 가진 사람들이 자기들의 경전의 어떤 내용이나 염불을 암송하는 것과 본질적으로 다른 점입니다. 우리는 말씀의 의미와 의도를 깨닫고 알기 위하여 암송하고 묵상합니다. 그러나 염불을 암송하고 외우는 사람들은 그 말이 무슨 말인가를 깨닫기 위해서 하지 않습니다. 암송하는 것 자체가 공력이어서 그렇게 합니다.

깨달음은 말씀이 무엇을 의미하는지를 깨닫는 것과, 말씀이 무엇을 의도하는지를 깨닫는 것의 두 영역으로 나눌 수 있습니다. 우리는 먼저 말씀이 무엇을 의미하는지, 즉 무슨 뜻인지를 깨닫는 것이 중요합니다. 그런 다음에 우리는 그 말씀이 무엇을 의도하는지, 곧 우리에게 하시는 요구가 무엇인지, 우리에게서 무엇을 이루어내고자 하시는지를 깨달을 수 있습니다. 말씀의 의미를 깨닫고 이해하는 데만 주력하고, 말씀이 의도하는 것에 대해서 소홀하게 되면 성경 지식이 풍부한 말쟁이나 학자에 그치기 쉽습니다. 성경에 대해서는 많은 것을 알고 있는데 그 말씀이 의도하고 있는 것에 대해서는 소홀하고 덮어 놓고 있으니까 삶에는 아무 열매가 없는 박학다식한 기독교적 교양인으로 끝나게 됩니다. 반면에 말씀이 나에게 의도하는 것에만 집중하고, 말씀이 의미하는 것을 깨달으려는 일을 소홀히 하게 되면, 하나님의 말씀을 멋대로 왜곡하는 위험과, 하나님의 의도와는 아무런 상관이 없는 일들에 힘을 쏟는 헛수고를 할 위험이 있습니다.

말씀을 깨닫기 위하여 할 일들

깨닫기를 사모함

나로 깨닫게 하소서 내가 주의 법을 준행하며 전심으로 지키리이다 (시 119:34).

내 눈을 열어서 주의 법의 기이한 것을 보게 하소서 (시 119:18).

은을 구하는 것같이 그것을 구하며 감추인 보배를 찾는 것같이 그것을 찾으면 여호와 경외하기를 깨달으며 하나님을 알게 되리니 (잠 2:4).

나는 너를 애굽 땅에서 인도하여 낸 여호와 네 하나님이니 네 입을 넓게 열라 내가 채우리라 하였으나 (시 81:10).

요한계시록 5장 1-5절의 말씀은 말씀이 자기 앞에서 닫혀져 있다는 사실 때문에 통곡을 하는 사도 요한의 모습을 보여줍니다. 말씀이 내 앞에서 닫혀져 있다는 사실 앞에서 통곡을 하며 말씀을 알고 싶어하는 모습은 아름답고 감동적인 신자의 모습입니다. 이런 사람에게 하나님께서는 말씀을 열어서 보여주시고 깨닫게 하시는 것입니다.

[1]내가 보매 보좌에 앉으신 이의 오른손에 책이 있으니 안팎으로 썼고 일곱 인으로 봉하였더라 [2]또 보매 힘 있는 천사가 큰 음성으로 외치기를 누가 책을 펴며 그 인을 떼기에 합당하냐 하니 [3]하늘 위에나 땅 위에나 땅 아래에 능히 책을 펴거나 보거나 할 이가 없더라 [4]이 책을 펴거나 보거나 하기에 합당한 자가 보이지 않기로 내가 크게 울었더니 [5]장로 중에 하나가 내게 말하되 울지 말라 유대 지파의 사자 다윗의 뿌리가 이기었으니 이 책과 그 일곱 인을 떼시리라 하더라 (계 5:1-5).

말씀을 부지런히 살핌

말씀을 깨달으려는 간절한 마음을 가지고 말씀을 살펴야 합니다. 이때 말씀을 깨닫는 데 도움이 되는 책이나 자료 혹은 다른 도움들을 받는 것이 필요합니다.

베뢰아 사람들은... 간절한 마음으로 말씀을 받고 이것이 그러한가 하여 날마다 성경을 상고하므로 (행 17:11).

이 구원에 대하여는 너희에게 임할 은혜를 예언하던 선지자들이 연구하고 부지런히 살펴서 자기 속에 계신 그리스도의 영이 그 받으실 고난과 후에 얻으실 영광을 미리 증거하여 어느 시, 어떠한 때를 지시하시는지 상고하니라 (벧전 1:10-11).

말씀을 깨달으려는 자세로 마음을 겸손하게 함

그가 내게 이르되 다니엘아 두려워하지 말라 네가 깨달으려 하여 네 하나님 앞에 스스로 겸비케 하기로 결심하던 첫날부터 네 말이 들으신 바 되었으므로 내가 네 말로 인하여 왔느니라 (단 10:12).

그러므로 성령이 이르신 바와 같이 오늘날 너희가 그의 음성을 듣거든 노하심을 격동하여 광야에서 시험하던 때와 같이 너희 마음을 강퍅케 하지 말라 (히 3:7-8).

그러므로 내가 그 마음의 강퍅한 대로 버려두어 그 임의대로 행케 하였도다 (시 81:12).

성령의 도우심으로 말미암은 깨달음을 간구함

성경은 성령의 감동으로 인간 기록자들을 통하여 기록되었습니다. 그러므로 그 말씀이 무슨 뜻이며 무슨 의도로 그렇게 말씀하셨는가를 가장 정확하게 잘 아시는 분이 성령님입니다. 그분이 기록한 본인이기 때문입니다. 그러니까 이게 무슨 뜻일까, 무슨 의미로 썼을까, 무엇을 원하는 걸까를 알기 위해서는 생각도 하고 다른 자료들도 참고해야 하지만 또한 성령님께 물어보아야 합니다. 성경말씀을 잘 깨달으려면 성령의 도우심으로 말미암은 깨달음의 은총을 간구해야 합니다. 하나님의 말씀은 우리의 지식과 상식만 가지고 다 깨달을 수 없습니다. 우리의 지식과 상식과 이성과 경험들과 이해력이 하나님의 말씀을 깨닫는데 결정적인 역할을 하는 것은 사실입니다. 인간에게 인간의 말로 인간의 상황 속에 인간들이 알아듣도록 하기 위하여 주신 말씀이니까요. 그러나 그것만 가지고 온전히 깨달을 수 없는 말씀들이 허다하게 있어서 기록자이신 성령이 가르쳐 주셔야 제대로 깨달을 수 있습니다. 그것을 우리는 성령의 조명이라고 합니다. 그러므로 하나님의 말씀을 깨닫기 위해서 해야 될 아주 중요한 일은 그 깨달음의 은총을 주시기를 기도하는 것입니다.

모세의 율법에 기록된 대로 이 모든 재앙이 이미 우리에게 임하였사오나 우리는 우리의 죄악을 떠나고 주의 진리를 깨닫도록 우리 하나님 여호와의 은총을 간구치 아니하였나이다 (단 9:13).

내가 아직도 너희에게 이를 것이 많으나 지금은 너희가 감당치 못하리라 그러나 진리의 성령이 오시면 그가 너희를 모든 진리 가운데로 인도하시리니 그가 자의로 말하지 않고 오직 듣는 것을 말하시며 장래 일을 너희에게 알리시리라 그가 내 영광을 나타내리니 내 것을 가지고 너희에게 알리겠음이니라 (요 16:12-14).

예수님이 성령을 약속하시는 장면입니다. 이 말씀에 의하면 성령이 오셔서 하는 가장 중요한 일은 말씀을 깨닫게 하는 일입니다. 말씀 사역이 성령 사역의 가장 근본적이고 가장 중요한 일입니다. 너무나 많은 사람들이 성령의 중요한 사역은 사람들에게 희한하고 기상천외한 기적과 초자연적 현상을 일으키는 것들인 것처럼 오해하고 있습니다. 그러나 성령이 약속되는 현장에서 밝혀지고 있는 성령이 하실 가장 중요한 일은 진리를 깨닫게 하는 것입니다. 하나님의 말씀을 깨달아서 예수님을 예수님대로 알게 하는 것이 성령이 하는 가장 귀한 일입니다. 성령의 도우심이 아니면 우리는 예수님을 알 수 없고, 예수님을 구주로 알아보고 고백할 수도 없고, 말씀을 깨달을 수도 없습니다. 그러므로 사도 바울은 고린도전서 12장 3절에서 성령으로 아니하고는 어느 누구도 예수를 주라고 고백할 수 없다고 단언합니다.

말씀 암송하기

암송은 하나님의 말씀을 기록된 대로 마음에 기억하고 반복적으로 그 말씀을 되새기는 것입니다. 이것은 말씀을 마음에 새기고 그 말씀이 우리의 생각과 정서를 다스리도록 함으로써 하나님과 동행하는 말씀생활입니다. 암송한 말씀은 기도 가운데 다시 떠올라서 우리의 고백이 되기도 하고, 어떤 상황에 부딪혔을 때 다시 떠올라서 지혜로 우리를 인도하기도 합니다. 그러므로 지속적인 암송으로 말씀을 마음에 새기는 일은 하나님과 동행하는 말씀생활에 있어서 아주 중요한 것입니다.

어떤 이들은 기도하다가 말씀을 받았다 합니다. 하나님께서 어떤 특별한 경우에 말씀을 가르쳐 주실 수 있습니다. 그래서 그것이 자기가 처음으로 받은 말씀인 것처럼 느끼지만 그러나 많은 경우는 언젠가 그 말씀을 들으면서 은혜를 받아서 마음에 간직했던 말씀, 혹은 암송하고 그냥 잊어버리고 지나갔던 말씀, 그래서 자기도 모르는 사이에 마음에 새겨 두었던 말씀들이 그 말씀이 필요한 특별한 상황에 성령의 은혜와 하나님의 역사로 다시 기억되고 회상된 것입니다. 그래서 그 말씀이 역사를 하는 것입니다.

한 번도 읽어 본적도 없고 들은 적도 없던 말씀이 갑자기 환상으로 나타나서 주어지는 경우는 아주 특별한 경우가 아니면 일어나지 않습니다. 그러므로 암송해봤자 금방 잊어버리고, 다시 기억도 되지 않으니까 말씀을 암송할 필요가 없다고 하면서 말씀 암송을 하지 않는 것은 잘못입니다. 우리가 한번 암송하고 마음에 새기고 지나간 말씀은 우리의 마음 어디엔가 저장되어 있습니다. 그리고 그 말씀이 내게 필요한 상황이 오면 하나님의 은혜와 성령의 역사로 그 말씀이 다시 떠오릅니다. 그것을 어떤 사람들은 하나님께서 말씀을 주셨다고 말하곤 합니다. 혹시 그렇지 않다하여도 나도 모르는 사이에 암송해 둔 말씀이 어떤 식으로든지 나의 생각이나 판단 등에 영향을 끼치고 있기도 합니다. 그러므로 말씀을 깊이 묵상하고 새기고 암송하는 것은 중요합니다.

암송은 주제별로 할 수도 있고, 책별로 할 수도 있고, 암송을 위하여 따로 선별된 말씀 암송집을 준비하여 할 수도 있습니다. 그리고 시간적으로는 매일, 혹은 일주일에 정한 날 등으로 할 수도 있습니다. 잠자리에 들기 직전에 말씀을 암송하는 것도 아주 좋은 방법입니다. 암송 분량으로는 하루 한절, 혹은 여러 절을 일주일 동안 반복적으로 암송하는 등 다양한 방법으로 할 수 있습니다. "하루 한절. 마음에 새기는 생명의 말씀"이라는 제목으로 수첩을 만들어서 나름대로 암송집을 만들어 암송하는 것도 좋은 방법입니다. 암송 방법도 혼자서 할 수도 있고, 짝을 지어 약속하고 할 수도 있고, 교회의 말씀암송학교에 참석하여 할 수도 있습니다. 말씀암송에 있어서 결정적인 문제는 우리가 흔히 생각하는 것과는 달리, 기억력의 문제라기보다는 말씀에 대한 관심과 사랑과 사모하는 열정의 문제인 경우가 많음을 명심해야 합니다.

내가 주께 범죄치 아니하려 하여 주의 말씀을 내 마음에 두었나이다 (시 119:11).

오늘날 내가 네게 명하는 이 말씀을 너는 마음에 새기고 (신 6:6).

내 아들아 내 말을 지키며.... 이것을 네 마음 판에 새기라 (잠 7:1, 3).

그리스도의 말씀이 너희 속에 풍성히 거하여 모든 지혜로 피차 가
르치며 권면하고 시와 찬미와 신령한 노래를 부르며 마음에 감사
함으로 하나님을 찬양하고 (골 3:16).

말씀 행하기

말씀을 듣는 것, 묵상하는 것, 그리고 암송하고 깨닫는 궁극
적인 목적은 말씀을 행하려는 데에 있습니다. 하나님의 말씀을
들으라는 명령의 대부분은 사실은 말씀을 지키고 행하는 것을
염두에 두고 하신 말씀들입니다. 이것은 곧 말씀의 순종을 의미
합니다.

내 아들아 내 말을 지키며 내 명령을 네게 간직하라 내 명령을 지
켜서 살며 내 법을 네 눈동자처럼 지키라 이것을 네 손가락에 매
며 이것을 네 마음판에 새기라 (잠 7:1-3).

오직 너는 마음을 강하게 하고 극히 담대히 하여 나의 종 모세가
네게 명한 율법을 다 지켜 행하고 좌로나 우로나 치우치지 말라 그
리하면 어디로 가든지 형통하리니 이 율법책을 네 입에서 떠나지
말게 하며 주야로 그것을 묵상하여 그 가운데 기록한 대로 다 지켜
행하라 그리하면 네 길이 평탄하게 될 것이라 네가 형통하리라
(수 1:7-8).

그러므로 누구든지 나의 이 말을 듣고 행하는 자는 그 집을 반석 위에 지은 지혜로운 사람 같으리니 비가 내리고 창수가 나고 바람이 불어 그 집에 부딪히되 무너지지 아니하나니 이는 그 주초를 반석 위에 놓은 연고요 나의 이 말을 듣고 행치 아니하는 자는 그 집을 모래 위에 지은 어리석은 사람 같으리니 비가 내리고 창수가 나고 바람이 불어 그 집에 부딪히매 무너져 그 무너짐이 심하니라 (마 7:24-27).

말씀 나누기

말씀생활의 절정은 말씀을 다른 사람에게 나누어주는 데서 이루어집니다. 말씀을 가르치거나, 증거하거나, 간증하거나, 함께 말씀을 나누는 교제를 통해서 우리가 묵상한 말씀, 깨달은 말씀, 순종한 말씀, 그리고 암송한 말씀들을 다른 사람에게 전하는 것이 하나님과 동행하는 우리의 말씀생활에 있어서 아주 중요한 일입니다. 말씀 사모하는 능력, 말씀 묵상하는 능력, 말씀 깨닫는 능력, 말씀 암송하는 능력, 말씀 행하는 능력, 말씀 가르치는 능력. 이 능력이 충만하면 그야말로 말씀의 능력이 충만한 사람이라고 할 수 있습니다. 그 중에서도 말씀 가르치는 능력이 우리에게 충만해야 하나님과 동행하는 말씀생활을 균형 있게 할 수 있습니다. 반드시 성경 교사로 가르치는 일을 하라는 의미가 아닙니다. 말씀을 다른 사람 누구에겐가 나누어 주는 것입니다. 말씀을 가르치고 간증하고 내가 암송한 말씀을 그에게 전해 주는 이것이 말씀 나눔입니다. 말씀 나눔에서 우리는 말씀생활의 절정에 이르게 됩니다.

> 오늘날 내가 네게 명하는 이 말씀을 너는 마음에 새기고 네 자녀에게 부지런히 가르치며 집에 앉았을 때에든지 길에 행할 때에든지 누웠을 때에든지 일어날 때에든지 이 말씀을 강론할 것이며 (신 6:6-7).

> 후일에 네 아들이 네게 묻기를 우리 하나님 여호와의 명하신 증거와 말씀과 규례와 법도가 무슨 뜻이뇨 하거든 너는 네 아들에게 이르기를... (신 6:20-21).

> 또 네가 많은 증인 앞에서 내게 들은 바를 충성된 사람들에게 부탁하라 저희가 또 다른 사람들을 가르칠 수 있으리라 (딤후 2:2).

> 오직 성령이 너희에게 임하시면 너희가 권능을 받고 예루살렘과 온 유대와 사마리아와 땅 끝까지 이르러 내 증인이 되리라 하시니라 (행 1:8).

> 그러므로 너희는 가서 모든 족속으로 제자를 삼아 아버지와 아들과 성령의 이름으로 세례를 주고 내가 너희에게 분부한 모든 것을 가르쳐 지키게 하라 볼지어다 내가 세상 끝날까지 너희와 항상 함께 있으리라 하시니라 (마 28:19-20).

좋은 습관 만들기

하나님과 동행하는 말씀생활은 특별한 때에 한 번씩 하는 행사가 아닙니다. 우리의 삶 자체입니다. 그러므로 선포되는 하나님의 말씀을 듣는 일과 기록된 하나님의 말씀을 읽는 일, 그리고 말씀을 사모하고, 묵상하고, 깨닫고, 암송하고, 깨달은 말씀들을 삶에 적용하여 행하는 일들을 하루 세끼 밥 먹는 것처럼 습관화 하는 것이 중요합니다. 좋은 습관은 좋은 삶을 만들어냅니다. 습관이란 참으로 어렵고도 무서운 것입니다. 어떤 행동을 습관화할 때까지는 참 어렵습니다. 그러나 일단 습관이 되면 그 다음에는 자연스럽습니다. 습관을 만드는 것이 어렵습니다. 그러나 습관화 되면 고칠 수 없습니다. 그것이 습관의 어려움과 동시에 습관의 위대한 점입니다.

말씀, 다시 생각해보기

1. 어떤 점에서 성경말씀이 우리가 하나님과 동행하는 수단이 됩니까?

_____

_____

_____

2. 성경은 어떻게 우리가 하나님과 동행할 수 있도록 해줍니까?

_____

_____

_____

3. 하나님과 동행하는 말씀 듣기를 위하여 취해야 할 자세와, 취하지
   말아야 할 자세는 무엇입니까?

   _____

   _____

   _____

4. 하나님과 동행하는 말씀생활을 위하여 당신이 지금부터 실천할
   사항은 무엇입니까?

   _____

   _____

   _____

하나님과
동행하는 삶

기도로 동행

우리는 기도로 하나님과 동행한다

기도는 우리의 필요를 요청하는 것 이상이다

기도는 단순히 우리가 필요한 것을 하나님께 구하여 그것을 받음으로써 우리의 소원을 성취하는 수단에 그치는 것이 아닙니다. 물론 기도는 우리가 하나님께 우리의 필요를 간구하는 것이고 하나님은 우리의 간구에 응답을 하십니다. 그러나 기도는 단순히 우리가 필요한 것을 요청하고 그 요청한 것을 하나님께서 우리에게 주시는 그것 이상입니다. 어떤 사람은 기도는 하나님과의 의사소통이라고 말합니다. 그러나 기도는 또 단순히 하나님과의 의사소통 그 이상입니다. 기도는 하나님과 그의 자녀 된 우리가 함께 나누는 가장 친밀하고 직접적인 인격적 교제입니다.

이것이 다른 신을 섬기는 이방종교들의 기도와 우리 그리스
도인의 기도가 본질적으로 다른 점입니다. 이방신에게 비는 사
람들은 그 신이 어떤 신인지, 어떤 생각과 계획을 가지고 있는지,
그 신과 나는 어떤 관계인지 등에 대한 지식이나 관심을 가질 필
요가 없습니다. 그 신이 어떤 신이 되었든지 상관할 바가 없습니
다. 누가 되었든지 자기의 소원을 들어주기만 하면 된다는 심리
로 비는 것입니다. 누군가의 초능력을 빌어서 내가 하고 싶은 것
을 이루고 싶은 것이고, 그렇게 그 신을 써먹기 위해서 그 신에게
공을 들이는 것입니다. 그러나 그리스도인의 기도는 우리의 소
원과 일의 성취에 궁극적인 관심과 목적이 있는 것이 아닙니다.
우리의 일과 소원을 아뢰는 하나님에게 최종의 관심과 목적이
있습니다. 그러므로 하나님이 아니라고 하시면 우리는 아무리
간절히 원하는 것일지라도 기꺼이 그것을 포기할 수 있습니다.

기도는 단순히 의사를 소통하는 것 이상이다

기도가 하나님과의 대화라는 점에서 의사소통인 것은 분명
합니다. 그러나 단순한 의사소통에 그치는 것이 아닙니다. 그것
은 인격과 인격의 만남이고, 하나님의 존재와 우리의 존재가 마
주치고, 함께하는 구체적인 삶의 방식입니다. 그러므로 우리는
기도를 통하여 우리의 중심에 있는 모든 것을 털어놓기도 합니

다. 은밀한 것을 고백하기도 합니다. 하소연과 부르짖음과 속삭임과 애원과 찬양과 그 밖의 모든 것을 하나님께 쏟아놓기도 합니다. 그리고 하나님의 말씀을 듣기 위하여 기다리기도 합니다.

기도는 하나님의 자녀에게만 주어진 권세이다

> 영접하는 자 곧 그 이름을 믿는 자들에게는 하나님의 자녀가 되는
> 권세를 주셨으니 이는 혈통으로나 육정으로나 사람의 뜻으로 나
> 지 아니하고 오직 하나님께로서 난 자들이니라 (요 1:12-13).

예수를 믿고 구원을 얻은 신자들은 권세를 받았습니다. 그 권세를 구체적으로 행사하는 내용은 두 가지입니다. 첫째 권세는 하나님의 자녀인 권세입니다. 하나님의 자녀가 아니었던 사람이 자녀가 되는 데는 세상의 모든 권세들을 이긴 큰 권세가 동원되었습니다. 그러므로 사도 바울은 누구든지 성령으로 아니하고는 예수를 주님이라고 부를 수 없다고 선언합니다(고전 12:3). 뿐만 아닙니다. 하나님의 자녀라는 신분 자체가 권세입니다. 이전에 사로잡혀서 살았던 악한 영과 공중의 권세 잡은 자와 사탄과 죽음을 이긴 권세입니다. 죽음과 죄의 권세를 이기는 권세입니다. 그러므로 사도 요한은 이렇게 말합니다.

무릇 하나님께로부터 난 자마다 세상을 이기느니라 세상을 이기
는 승리는 이것이니 우리의 믿음이니라 (요일 5:4).

하나님께로부터 난 자는 다 범죄하지 아니하는 줄을 우리가 아노
라 하나님께로부터 나신 자가 그를 지키시매 악한 자가 그를 만지
지도 못하느니라 (요일 5:18).

이 권세의 두 번째 내용은 자녀로서 아버지께 나가서 요구하
는 권세입니다. 이런 점에서 보면 우리가 기도하는 것은 하나님
이 우리에게 주신 권세를 누리는 구체적인 행위입니다. 그러므
로 기도는 부담이고 또 힘든 일이고 또 참으로 걸머지기 어려운
십자가인 것이 아닙니다. 하나님이 자기 자녀에게만 주신 은혜
요 특권입니다.

기도는 하나님의 자녀들만 행사할 수 있는 권세입니다. 예수
를 영접하지 않아서 하나님의 자녀가 아닌 사람은 기도할 수 없
습니다. 기도의 외형은 취할 수 있지만 그것은 기도가 아닙니다.
기도의 효과도 없습니다. 왜냐하면 그 사람은 그렇게 할 권세가
없기 때문입니다. 예수를 믿는 하나님의 자녀가 예수를 믿지 않
는 사람을 위해서 기도할 수는 있습니다. 그러나 예수를 믿지 않
는 사람이 기도할 수는 없습니다. 기도하는 것은 예수 그리스도
를 영접하고 하나님의 자녀가 된 사람만 가진 권세입니다.

그를 향하여 우리가 가진 바 담대함이 이것이니 그의 뜻대로 무엇을 구하면 들으심이라 (요일 5:14).

... 내가 진실로 진실로 너희에게 이르노니 너희가 무엇이든지 아버지께 구하는 것을 내 이름으로 주시리라 지금까지는 너희가 내이름으로 아무 것도 구하지 아니하였으나 구하라 그리하면 받으리니 너희 기쁨이 충만하리라 (요 16:23-24).

기도는 하나님이 귀하게 여기시는 것이다

사도 요한은 환상을 통하여 주님은 성도들이 드리는 기도를 얼마나 귀하게 여기시는지를 보았습니다. 그것은 마치 금대접에 담아서 보좌에 계시는 하나님께 올려드리는 향기와 같은 것이었습니다. 하나님께서 성도들의 기도를 얼마나 귀하게 여기시는지를 생생히 보여주는 장면입니다.

... 네 생물과 이십 사 장로들이 어린 양 앞에 엎드려 각각 거문고와 향이 가득한 금 대접을 가졌으니 이 향은 성도의 기도들이라 (계 5:8).

또 다른 천사가 와서 제단 곁에 서서 금향로를 가지고 많은 향을 받았으니 이는 모든 성도의 기도들과 합하여 보좌 앞 금단에 드리고자 함이라 향연이 성도의 기도와 함께 천사의 손으로부터 하나님 앞으로 올라가는지라 (계 8:3-4).

기도는 하나님을 상대로 하는 것이다

기도는 하나님을 상대로 하나님께 하는 것입니다. 다른 사람들에게 보여주기 위해서 하는 것이 아닙니다. 스스로 공력을 쌓기 위해 하는 것도 아닙니다. 세상의 다른 신들에게 하는 것도 아닙니다. 기도는 하나님의 자녀들이 하나님 아버지께 하는 것입니다. 그러므로 하나님께 드리는 것이 아니면, 그것이 아무리 뛰어난 기도의 형태를 가졌을지라도 사실은 기도가 아닙니다. 그럼에도 이렇게 잘못된 기도를 시도함으로써 기도를 기도가 아닌 것으로 만들어버리는 일들이 자주 일어나고 있습니다.

기도가 아닌 기도들

[5]또 너희가 기도할 때에 외식하는 자와 같이 되지 말라 저희는 사람에게 보이려고 회당과 큰거리 어귀에 서서 기도하기를 좋아하느니라 내가 진실로 너희에게 이르노니 저희는 자기 상을 이미 받았느니라 [6]너는 기도할 때에 네 골방에 들어가 문을 닫고 은밀한 중

에 계신 네 아버지께 기도하라 은밀한 중에 보시는 네 아버지께서 갚으시리라 ⁷또 기도할 때에 이방인과 같이 중언부언하지 말라 저희는 말을 많이 하여야 들으실 줄 생각하느니라 ⁸그러므로 저희를 본받지 말라 구하기 전에 너희에게 있어야 할 것을 하나님 너희 아버지께서 아시느니라 ⁹그러므로 너희는 이렇게 기도하라 하늘에 계신 우리 아버지여 이름이 거룩히 여김을 받으시오며 (마 6:5-7).

예수님이 지적하시는 당시 유대인들은 회당과 큰 거리 등 사람들이 많이 모이는 곳을 찾아서 기도했습니다. 자기들이 얼마나 경건하고 의로운 사람인가를 다른 사람들에게 보여주기 위해서 그렇게 한 것입니다. 결국 그들은 하나님을 상대로 기도하는 것이 아니라, 사람들을 상대로 기도했고, 사람들에게 인정받으려는 것이 목적이었습니다. 그렇게 함으로써 그들은 기도의 형태를 갖추었지만 사실은 기도가 아닌 것을 일삼고 있었던 것입니다.

이방인들이 하는 기도는 중언부언, 곧 말을 많이 하였습니다. 그것이 기도에 공력을 많이 쌓는 것이라고 생각한데서 온 것이었습니다. 그들이 그렇게 공력을 쏟는 것은 그렇게 해야 자기들이 원하는 것을 받아낼 수 있다고 믿었기 때문입니다. 결국 이방인들의 기도도 하나님과는 아무런 관계가 없고, 자기의 공력으로 자기의 원하는 바를 이루어 내려는 데에 목적이 있었습니다.

결국 이들도 기도의 모양을 취하여 사실은 기도를 기도가 아닌 것으로 만들어 버리는 잘못을 행하고 있는 것입니다.

그러므로 뒤이어서 예수님께서 가르쳐주신 기도는 그 첫마디를 "하늘에 계신 우리 아버지여"라는 말로 시작합니다. 주님은 우리 기도의 대상이 하나님이시라는 사실을 분명하게 가르치고자 하신 것입니다.

잘못된 기도

[10]두 사람이 기도하러 성전에 올라가니 하나는 바리새인이요 하나는 세리라 [11]바리새인은 서서 따로 기도하여 가로되 하나님이여 나는 다른 사람들 곧 토색, 불의, 간음을 하는 자들과 같지 아니하고 이 세리와도 같지 아니함을 감사하나이다 [12]나는 이레에 두번씩 금식하고 또 소득의 십일조를 드리나이다 하고 [13]세리는 멀리 서서 감히 눈을 들어 하늘을 우러러 보지도 못하고 다만 가슴을 치며 가로되 하나님이여 불쌍히 여기옵소서 나는 죄인이로소이다 하였느니라 [14]내가 너희에게 이르노니 이 사람이 저보다 의롭다 하심을 받고 집에 내려 갔느니라 무릇 자기를 높이는 자는 낮아지고 자기를 낮추는 자는 높아지리라 하시니라 (눅 18:10-14).

바리새인과 세리의 기도의 근본적인 문제는 기도의 내용이 아니었습니다. 바리새인은 그러한 내용으로 기도했기 때문에 버림을 받은 것이 아닙니다. 세리는 그러한 내용으로 기도했기 때문에 의롭다고 인정받은 것이 아닙니다. 사실 우리는 바리새인처럼 세상에서 승리한 보고를 우리의 왕이신 하나님께 드릴 수 있어야 합니다. 그들의 문제는 기도의 내용이 아니라, 기도의 동기였습니다. 즉 기도하는 의도가 문제였습니다. 바리새인은 기도의 내용은 하나님께 하는 것이었지만, 그렇게 기도하는 동기는 사람들 앞에서 자기를 높이려는 것이었습니다. 다시 말하면 바리새인은 사실은 사람을 향하여 기도하는 것이었습니다. 그는 사람들에게 인정받기 위하여 기도를 써먹고 있는 것이었습니다. 바리새인이 세리가 한 내용의 기도를 하였어도 그러한 동기로 했다면 그는 여전히 하나님께 옳은 기도를 한 사람으로 인정을 받지 못하였을 것입니다.

기도는 하나님과 맺고 있는 관계의 반영이다

하나님과의 관계
기도로 하나님과 동행하는 삶은 하나님과의 관계가 무엇인가를 아는 데로부터 시작합니다.

아버지와 자녀의 관계

하나님은 우리의 아버지이시고, 우리는 하나님의 자녀입니다. 부모와 자녀는 법적인 관계인 동시에 인격적 관계입니다. 그리고 이 두 관계 모두 아주 중요합니다. 특히 우리가 하나님의 자녀로서 하나님과 동행하면서 사는 데 있어서는 인격적인 관계를 잘 유지하는 것이 아주 중요합니다. 인격적인 관계를 맺지 않으면 단지 법적인 관계에만 머물고 맙니다. 우리 아이들이 호적상으로만 우리의 자녀이지 실제로는 우리와 아무런 상관도 없이 따로 산다면 어떻겠습니까?

왕과 백성의 관계

하나님과 우리의 관계는 아버지와 자녀의 관계일 뿐 아니라, 왕과 그의 사랑하시는 백성의 관계이기도 합니다. 하나님이 우리와 맺으신 근본적인 관계는 "나는 너희 하나님이 되고 너희는 내 백성이 되리라"는 것입니다. 이것은 "언약관계"입니다. 이 언약관계를 근거로 하나님은 그의 백성에게로 오시고, 그들 가운데 머무시고, 그 백성들에게 하나님을 드러내어 알려주시고, 하나님의 계획과 마음을 알려주시는 것입니다. 그리고 우리는 이 언약관계를 근거로 어느 때에라도 우리의 왕을 만나러 담대히 나아갈 수가 있게 된 것입니다.

그러므로 우리가 긍휼하심을 받고 때를 따라 돕는 은혜를 얻기 위하여 은혜의 보좌 앞에 담대히 나아갈 것이니라 (히 4:16).

은혜의 보좌 앞에 담대히 나갈 권한을 얻게 됐습니다. 백성으로서 왕의 은혜의 보좌 앞에 담대히 나아가는 구체적인 방법 가운데 하나가 기도입니다.

인격적인 교제 관계

아버지와 자녀의 관계이건 왕과 그의 백성의 관계이건 공통적인 것은 인격적인 관계라는 것입니다. 인격적인 관계는 서로의 교제를 통하여 맺어지고, 누려지고, 또 깊어져갑니다. 즉 부모와 자녀 사이에는 지속적인 교제가 있어야 하는 것입니다. 그래야 부모와 자녀 사이에서 갖는 유익도 있고, 행복과 즐거움도 있고, 아픔을 함께 나누는 위로도, 격려도 있고, 그 밖의 모든 사는 보람도 누릴 수 있게 되는 것입니다.

기도는 하나님과 동행하는 구체적인 방편이다

교제를 가능하게 하는 가장 근본적이고도 필수적인 것은 대화입니다. 그러므로 하나님과의 인격적인 교제에 있어서도 가장 중요한 것이 하나님과의 대화입니다. 대화란 "서로" "말"을 주고 받는 것입니다. 내가 상대방의 말을 "듣는 것"과 나의 말을 상대방에게 "들려주는 것"이 대화인 것입니다. 대화가 없으면 교제는 불가능합니다. 교제가 없으면 인격적 관계는 이루어질 수 없습니다. 인격적인 관계가 없으면 서로 동행하는 것은 불가능합니다.

선포된 말씀인 설교를 듣거나, 기록된 말씀인 성경을 읽는 것이 하나님이 우리에게 말씀하시고 우리는 듣는 대화라면, 기도는 우리가 하나님께 말씀을 드리고 대신 하나님은 들으시는 대화입니다. 결국, 기도는 우리가 하나님과 동행하면서 하나님께 우리의 말을 들려드리는 복된 교제를 누리는 데 있어서 필수적입니다.

그러므로 기도는 하나님과 그의 자녀인 우리가, 그리고 왕이신 하나님과 그의 언약 백성인 우리가 이 부자관계와 이 언약관계를 인격적으로 누리는 구체적인 통로의 하나입니다. 기도는 우리의 아버지인 하나님과 그의 자녀인 우리가 얼굴을 맞대고, 마음을 털어놓으며 나누는 인격적 교제입니다. 우리가 사랑하는 하나님과 하나님이 사랑하시는 백성인 우리 사이의 대화입니다. 하나님은 우리의 왕이시므로 우리에게로 오시고, 우리는 하나님의 백성이므로 그 앞에 나아갑니다. 그러므로 기도는 하나님과 그의 백성이 맺은 언약 안에서 서로 만나 뜻깊은 교제를 갖는 귀한 일입니다. 하나님께 간구할 것이 있으면 기도를 하고, 하나님께 구할 것이 없으면 기도도 존재하지 않는 것이 아닙니다. 기도는 근본적으로 청구서 제출행위가 아니고, 아버지인 하나님과 자녀인 우리가 부자간에, 그리고 왕이신 하나님과 백성인 우리가 왕과 백성으로 함께 만나서 이야기하고, 세상사를 논하고, 아픔을 털어놓고, 또 사랑을 고백하는 함께하는 삶 자체입니다. 하나님과 동행이 있는 한 기도는 반드시 있는 것입니다. 기도는 단순한 소원을 비는 행위에 그치는 것이 아니라, 근본적으로는 언약백성의 언약행위입니다.

> 우리 하나님 여호와께서 우리가 그에게 기도할 때마다 우리에게 가까이 하심과 같이 그 신의 가까이 함을 얻은 나라가 어디 있느냐 (신 4:7).

> 너희가 전심으로 나를 찾고 찾으면 나를 만나리라 (렘 29:13).

> 너는 내게 부르짖으라 내가 네게 응답하겠고 네가 알지 못하는 크고 비밀한 일을 네게 보이리라 (렘 33:3).

> 네가 부를 때에는 나 여호와가 응답하겠고 네가 부르짖을 때에는 말하기를 내가 여기 있다 하리라 (사 58:9).

결국 기도로써 우리는 실질적으로 하나님과 동행하는 삶을 살게 됩니다. 예수님께서도 기도하기 위하여 습관적으로, 한적

한 곳으로, 때로는 시급한 다른 일을 뒤로 미루고 하나님께 나아
갔으며, 때로는 금식하며, 때로는 밤을 새우며 기도하셨습니다.
예수님은 자신의 기도를 아버지와 함께 있는 현장으로 여기셨습
니다.

잘못된 기도, 기도란 무엇이 아닌가?

1. 기도란 자기 혼자서 하는 참선이나 명상이 아닙니다. 기도
   는 자기 수양의 수단이 아닙니다. 기도는 살아계신 하나님
   께 드리는 것입니다. 인격자이신 하나님께 나가서 하나님과
   함께 있는 것이 기도입니다.

2. 기도란 세상의 다른 종교의 신에게 간구하는 것과는 다릅니
   다. 기도는 예수를 믿는 사람이 그의 이름으로만 할 수 있습
   니다.

3. 기도란 자기의 공력을 쌓기 위하여 종교적인 말을 의미 없
   이 되풀이하는 염불이 아닙니다. 기도란 하나님을 의지하
   고, 그 하나님께 구체적인 내용을 말씀드리는 것입니다.

4. 기도란 나의 소원을 일방적으로 청구하는 것이 아닙니다.

기도의 목적은 하나님과의 관계를 더욱 깊게 하고, 하나님을 더욱 친밀하게 알아가는 데 있습니다.

5. 기도는 사람들 앞에서 나의 경건을 드러내어 자랑하기 위한 수단이 아닙니다. 기도는 하나님과 나 사이의 은밀한 교제입니다.

2

기도의 약속과
기도의 사람들

　기도는 다른 사람들에게 내가 얼마나 경건한 사람인가를 자랑하기 위한 장식품이 아닙니다. 나의 공력을 쌓기 위하여 무조건 외워대면 되는 염불이나 주문도 아닙니다. 기도는 하나님의 자녀가 아버지이신 하나님과 마주 앉아서 자신의 마음을 터놓고 아뢰는 것이고, 하나님의 백성이 왕이신 하나님과 마주 앉아서 모든 것을 터놓고 아뢰는 것입니다. 즉 기도는 우리가 하나님과 나누는 인격적 교제인 것입니다. 우리의 기도에는 우리 주님과 하나님의 확실한 약속이 주어져 있습니다. 하나님의 백성들은 기도를 통해서 하나님과 동행과, 역사하시는 하나님의 능력을 삶 가운데서 누리게 됩니다. 그리고 기도를 통해서 영적 싸움에서 승리 합니다. 또한 기도를 통해서 삶을 변화시키는 하나님의 능력을 체험할 수 있습니다. 기도를 통해서 고난 가운데서도 주님의 평안을 누리며 행복한 삶을 살게 됩니다. 그러므로 기도는 하나님을 위해서가 아니라 우리를 위해서 주신 것이고, 그러므로 기도하는 것은 부담이거나 괴로움이 아니라, 은혜이고, 특권이고, 복입니다.

누가 기도할 수 있는가?

하나님의 자녀들만 기도할 수 있다

영접하는 자 곧 그 이름을 믿는 자들에게는 하나님의 자녀가 되는 권세를 주셨으니 (요 1:12).

하물며 하나님께서 그 밤낮 부르짖는 택하신 자들의 원한을 풀어 주지 아니하시겠느냐 저희에게 오래 참으시겠느냐 내가 너희에게 이르노니 속히 그 원한을 풀어 주시리라 (눅 18:7).

기도할 수 있는 사람이 따로 있습니다. "택하신 자들"입니다. 모든 사람이 기도할 수 있는 것이 아닙니다. 모든 사람을 위하여 기도할 수는 있습니다. 그러나 모든 사람이 기도할 수 있는 것은 아닙니다. 하나님의 자녀 된 사람, 예수 그리스도를 영접하여 하나님의 자녀로 택하심을 입은 사람들만 하나님께 기도할 수 있습니다.

믿음의 사람이 응답하시는 기도를 할 수 있다

믿음이 없이는 기쁘시게 못하나니 하나님께 나아가는 자는 반드
시 그가 계신 것과 또한 자기를 찾는 자들에게 상주시는 이심을
믿어야 할찌니라 (히 1:6).

"하나님께 나아가는 자"에 대하여 히브리서 4장 16절에서는
"긍휼과 때를 따라 돕는 은혜를 얻기 위하여 은혜의 보좌 앞에
담대히" 나아가는 자로 말씀합니다. 하나님께 나아가는 자, 은혜
와 긍휼을 얻기 위하여 은혜의 보좌 앞에 담대히 나아가는 자가
갖춰야 될 것이 있습니다. 믿음입니다. 이 믿음은 자기 자신을 믿
는 믿음도 아니고, 자신의 기도가 응답될 것을 믿는 믿음도 아니
고, 하나님을 믿는 믿음입니다.

오직 믿음으로 구하고 조금도 의심하지 말라 의심하는 자는 마치
바람에 밀려 요동하는 바다 물결 같으니 이런 사람은 무엇이든지
주께 얻기를 생각하지 말라 두 마음을 품어 모든 일에 정함이 없
는 자로다 (약 1:6-7).

하나님을 믿는 믿음이 있는 사람이어야 하나님이 응답하시
는 기도를 할 수 있습니다. 하나님은 다른 이방신들처럼 우리가
무엇을 가지고 왔는가에 관심이 있으신 것이 아닙니다. 이방신

을 섬기는 사람들이 하는 행동을 보면 아마도 이방신들은 무엇을 갖고 왔는가? 돈을 얼마나 갖고 왔는가? 돼지 머리를 가지고 왔는가? 소를 잡아 가지고 왔는가? 시루떡을 가지고 왔는가? 등에 관심이 많은 것 같습니다. 그러나 하나님은 우리가 무엇을 가지고 하나님 앞에 나와 있는가에 관심이 없으십니다. 하나님은 하나님 앞에 나와 있는 내가 어떤 사람인가에 관심을 갖고 계십니다. 하나님은 우리가 어떠한 사람인가, 그리고 우리가 하나님을 어떻게 생각하는가에 관심을 가지십니다. 다시 말하면 하나님께 우리가 무엇을 드리는가보다 훨씬 더 중요한 것은, 하나님과 우리와의 관계가 어떠한가 하는 것입니다. 그리고 그 관계의 본질은 믿음입니다.

누가 우리의 기도를 도와주는가?

성령님

이와 같이 성령도 우리 연약함을 도우시나니 우리가 마땅히 빌 바를 알지 못하나 오직 성령이 말할 수 없는 탄식으로 우리를 위하여 친히 간구하시느니라 마음을 감찰하시는 이가 성령의 생각을 아시나니 이는 성령이 하나님의 뜻대로 성도를 위하여 간구하심이니라 (롬 8:26-27).

성령이 우리의 기도를 도와주십니다. 빌 바를 알지 못할 때 무엇을 위해서 기도할 것인가 도와주시고, 우리가 잘못 구할 때도 하나님의 뜻대로 우리가 구할 수 있도록 성령이 도와주십니다. 만약 그것이 하나님의 뜻에 맞지 않는 간구면 성령이 우리의 생각을 바꾸시든지 깨달음을 주시든지 마음을 바꾸셔서 하나님의 뜻에 맞는 기도를 하도록 도와주십니다. 그러므로 혹시라도 잘못 기도할까봐 기도 자체를 하지 않는 것은 어리석은 일입니다.

예수님

누가 정죄하리요 죽으실 뿐 아니라 다시 살아나신 이는 그리스도 예수시니 그는 하나님 우편에 계신 자요 우리를 위하여 간구하시는 자시니라 (롬 8:34).

그러므로 자기를 힘입어 하나님께 나아가는 자들을 온전히 구원하실 수 있으니 이는 그가 항상 살아서 저희를 위하여 간구하심이니라 (히 7:25).

기도 공동체의 다른 지체들

... 마음을 같이하여 전혀 기도에 힘쓰니라 (행 1:14).

오순절 날이 이미 이르매 저희가 다 같이 한곳에 모였더니 (행 2:1).

모든 기도와 간구를 하되 항상 성령 안에서 기도하고 이를 위하여 깨어 구하기를 항상 힘쓰며 여러 성도를 위하여 구하라 (엡 6:12).

초대 교회 교인들은 한 곳에 모여서 기도 공동체를 형성하여 함께 기도하는 것이 익숙한 일이었음을 성경은 증언합니다. 혼자서 개인적으로 기도할 뿐 아니라, 수시로 한 곳에 공동체로 모여 함께 기도하는 것은 여러 가지 유익을 줍니다. 무엇보다도 한 공동체에 속한 지체의식을 갖고 공동의 신앙과 관심사에 집단적으로 집중할 수 있게 됩니다. 기도공동체로 모여 하는 기도는 마음을 함께 하여 기도함으로써 강력한 힘을 발휘할 수 있습니다. 동시에 서로 기도의 열정을 북돋으며 기도를 돕는 역할을 합니다.

기도하지 않는 것은 죄이다

나는 너희를 위하여 기도하기를 쉬는 죄를 여호와 앞에 결단코 범치 아니하고... (삼상 12:23).

그의 귀를 내게 기울이셨으므로 내가 평생에 기도하리로다 (시 116:2).

사무엘은 기도하지 않는 것은 죄라는 신념을 가지고 산 사람이었습니다. 다윗은 내가 평생에 기도하리라고 선언하고 살았습니다. 예수님은 누가복음 18장에서 기도하지 않는 것은 하나님을 악한 재판관만도 못한 분으로 여기는 죄라는 의미로 말씀하셨습니다.

> [1]항상 기도하고 낙망치 말아야 될 것을 저희에게 비유로 하여 [2]가라사대 어떤 도시에 하나님을 두려워 아니하고 사람을 무시하는 한 재판관이 있는데 [3]그 도시에 한 과부가 있어 자주 그에게 가서 내 원수에 대한 나의 원한을 풀어 주소서 하되 [4]그가 얼마 동안 듣지 아니하다가 후에 속으로 생각하되 내가 하나님을 두려워 아니하고 사람을 무시하나 [5]이 과부가 나를 번거롭게 하니 내가 그 원한을 풀어 주리라 그렇지 않으면 늘 와서 나를 괴롭게 하리라 하였느니라 [6]주께서 또 가라사대 불의한 재판관의 말한 것을 들으라 [7]하물며 하나님께서 그 밤낮 부르짖는 택하신 자들의 원한을 풀어 주지 아니하시겠느냐 저희에게 오래 참으시겠느냐 [8]내가 너희에게 이르노니 속히 그 원한을 풀어 주시리라 그러나 인자가 올 때에 세상에서 믿음을 보겠느냐 하시니라 (눅 18:1-8).

이것은 예수님이 기도에 대하여 가르치기 위하여 말씀하신 비유입니다. 이 말씀의 핵심 메시지는, 우리도 과부처럼 열심히 간구하면 재판장이 과부의 간청을 들어준 것처럼 하나님이 우리의 간구를 들어주신다는 말씀이 아닙니다. "천하의 악한 재판관도 과부의 간청을 귀찮아서라도 들어주었다. 그런데 하물며 악한 재판관이 아니라 너희를 택하신 분이신 하나님은 얼마나 간구를 잘 들어주시겠느냐. 그분은 오래 끌지 않고 기쁨으로 들어주실 것인데도 너희가 하나님께 구하지 않는 것은 하나님을 악한 재판관만도 못한 분으로 여기는 죄인 것이다"라고 말씀하시는 것입니다. 예수님은 이 비유를 통해서 하나님의 자녀들이 하나님께 기도하지 않는 것은 하나님을 악한 재판관만도 못한 분으로 능멸하는 죄라고 지적하고 있는 것입니다. 그리고 이러한 현상이 일어나는 것은 믿음이 없기 때문이라고 지적하시는 것입니다. 예수님은 "인자가 올 때에 세상에서 믿음을 보겠느냐"는 말씀으로 말세가 될수록 주님은 믿음으로 기도하는 사람을 찾으신다는 것을 밝히시고 있는 것입니다.

기도하는 사람에게 주어진 확실한 약속들

너는 내게 부르짖으라 내가 네게 응답하겠고 네가 알지 못하는 크고 비밀한 일을 네게 보이리라 (렘 33:3).

환난 날에 나를 부르라 내가 너를 건지리니 네가 나를 영화롭게 하리로다 (시 50:5).

환난 날에 주께 드리는 기도로 말미암아 두 가지 놀라운 결과가 옵니다. 환난에서 건짐을 받는 것과 하나님을 영화롭게 하는 것입니다. 나는 환난을 만나서 쫄딱 망하고 죽는 줄 알았더니 나 같은 것이 하나님을 영화롭게 하는 실력을 갖추는 재료가 되더라는 말입니다. 그런데 나 같은 것이 하나님을 영화롭게 하고 엄청난 일을 하는 실력을 갖추는 결정적인 역할을 하는 것이 환난 날에 하나님을 부르는 것, 곧 하나님께 기도하는 것입니다.

> 구하라 그러면 너희에게 주실 것이요, 찾으라 그러면 찾을 것이요, 문을 두드리라 그러면 너희에게 열릴 것이니, 구하는 이마다 받을 것이요, 찾는 이가 찾을 것이요, 두드리는 이에게 열릴 것이니라 (마 7:7-8).

> 너희 중에 누가 아들이 떡을 달라 하면 돌을 주며 생선을 달라 하면 뱀을 줄 사람이 있느냐 너희가 악한 자라도 좋은 것으로 자식에게 줄 줄 알거든 하물며 하늘에 계신 너희 아버지께서 구하는 자에게 좋은 것으로 주시지 않겠느냐 (마 7:9-11; 눅 11:11).

> 하물며 하나님께서 그 밤낮 부르짖는 택하신 자들의 원한을 풀어 주지 아니하시겠느냐 저희에게 오래 참으시겠느냐 내가 너희에게 이르노니 속히 그 원한을 풀어 주시리라 (눅 18:7).

너희가 내 이름으로 무엇을 구하든지 내가 시행하리니 이는 아버지로 하여금 아들을 인하여 영광을 얻으시게 하려 함이라 내 이름으로 무엇이든지 내게 구하면 내가 시행하리라 (요 14:13-14).

지금까지는 너희가 내 이름으로 아무것도 구하지 아니하였으나 구하라 그리하면 받으리니 너희 기쁨이 충만하리라 (요 16:24).

그곳에 이르러 저희에게 이르시되 시험에 들지 않기를 기도하라 하시고.... 이르시되 어찌하여 자느냐 시험에 들지 않게 일어나 기도하라 하시니라 (눅 22:40, 46).

책을 취하시며 네 생물과 이십사 장로들이 어린 양 앞에 엎드려 각각 거문고와 향이 가득한 금 대접을 가졌으니 이 향은 성도의 기도들이라 (계 5:8).

또 다른 천사가 와서 제단 곁에 서서 금 향로를 가지고 많은 향을 받았으니 이는 모든 성도의 기도들과 합하여 보좌 앞 금단에 드리고자 함이라 향연이 성도의 기도와 함께 천사의 손으로부터 하나님 앞으로 올라가는지라 (계 8:3-4).

이것은 하나님께서 우리의 기도를 금대접에 담은 향처럼 받으시겠다는 약속입니다. 하나님이 우리의 기도를 이렇게 귀한 것으로 여기신다는 약속입니다. 우리가 기도한 것이 금대접에 담아야 될 만한 가치있는, 그리고 코를 쿵쿵 거리면서 기분 좋게 맡을 만한 아름다운 향기로 하나님은 여겨 주신다는 약속입니다.

기도의 영웅들

성경은 물론 교회 역사 가운데는 뛰어난 기도의 사람들이 셀 수 없이 많이 등장합니다. 아브라함은 자신의 고백대로 먼지와 티끌같이 보잘 것 없는 사람이었습니다. 그러나 그는 소돔과 고모라를 불로 심판하시겠다는 하나님의 계획을 듣고 끈질기게 기도하며 하나님의 역사진행의 파트너 역할을 하였습니다. 모세와 한나, 사무엘, 다윗, 히스기야, 느헤미야, 엘리야, 다니엘과 그의 친구들, 야베스, 초대교회의 성도들 등등, 그리고 교회사에 등장하는 수많은 기도의 사람들, 이루 헤아릴 수 없을 만큼 많은 사람들이 하나님 앞에서 기도하는 사람으로 살았습니다.

이들은 다 우리와 똑같은 사람들이었다

기도의 삶으로 위대한 신자의 삶을 살아낸 이들은 모두가 우리와 똑같은 사람들이었음을 성경은 강조하고 있습니다. 이것은 우리도 그들과 같은 기도생활로 하나님과 동행하는 위대한 신자의 삶을 살아낼 수 있다는 격려입니다. 그리고 우리도 그렇게 기도의 삶을 살아야 한다는 요구이기도 합니다. 그러므로 이렇게 성공적인 기도생활을 한 기도의 위인들을 볼 때마다 우리는 두 가지 태도를 가져야 합니다. 우리도 저들과 같은 사람이니 저 사람들처럼 기도생활을 해서 하나님과 동행하는 위대한 신자의 삶을 살 수 있겠구나 하고 격려를 받는 것입니다. 그리고 나도 하나님의 은혜를 받은 신자이니 저 신자들처럼 기도의 삶을 살아야 한다는 하나님의 요구를 받아들이고 책임을 수행하는 것입니다. 기도는 신자가 하나님과 동행하면서 하나님의 능력을 체험할 가장 강력한 수단입니다.

> 엘리야는 우리와 성정이 같은 사람이로되 저가 비 오지 않기를 간절히 기도한즉 삼년 육개월 동안 땅에 비가 아니 오고 다시 기도한즉 하늘이 비를 주고 땅이 열매를 내었느니라 (약 5:17-18).

우리는 언제나 이 말씀을 보면서 뒷 부분에 초점을 맞추고 그것을 부러워합니다. 엘리야는 기도했더니 3년 6개월 동안 비가 오지 않았고 다시 기도했더니 비가 쏟아졌다는 사실에 주목하는 것입니다. 그리고는 우리도 기도로 그렇게 하늘을 열기도 하고 닫기도 하는 능력을 발휘하는 사람이 되고 싶어하는 것입니다.

그러나 이 말씀의 초점은 엘리야는 우리와 똑같은 사람이었다는 데에 있습니다. 엘리야는 우리와 똑같은 사람인데, 그런 일을 했다는 것입니다. 간절히 기도하여 그렇게 엄청난 일을 이루어냈다는 것입니다. 그러니까 우리도 엘리야와 똑같이 그렇게 간절하게 기도할 수 있고, 엘리야와 똑같은 기도의 능력을 체험할 수 있으며, 또 그렇게 해야 한다고 말씀하시는 것입니다.

3

하나님과 동행하는 기도생활

하나님은 우리에게 기도하라고 하신다

하나님과 동행하는 기도생활을 위하여 가장 중요한 것은 기도에 대하여 많이 아는 것이 아니라, 실제로 기도를 하는 것입니다. 기도에 대하여 말하는 것이 기도를 하는 것을 대신할 수는 없습니다. 우리는 한 마디의 기도도 하지 않으면서 기도에 대한 두꺼운 책을 쓸 수도 있고, 기도를 주제로 박사학위 논문을 쓸 수도 있습니다. 그러나 하나님께서 원하시는 것은 기도에 대한 지식이 아닙니다. 기도 자체입니다. 그러므로 하나님께서는 우리에게 기도에 대해서 연구하라고 말씀하시지 않고, 기도 하라고 말씀하시는 것입니다. 우리는 기도에 대한 지식으로 하나님과 동행하는 것이 아닙니다. 기도를 함으로 하나님과 동행합니다. 그러므로 가장 중요한 것은 기도하는 것입니다. 기도에 대하여 많이 알고 있는 것이 우리의 기도하는 것을 약간 도와줄 수 있습니다. 그러나 기도에 대하여 많이 아는 것이 우리의 기도를 대체할 수는 없습니다. 가장 중요한 것은 기도를 하는 것입니다.

쉬지 말고 기도하라 (살전 5:17).

아무 것도 염려하지 말고 오직 모든 일에 기도와 간구로, 너희 구할 것을 감사함으로 하나님께 아뢰라 (빌 4:6).

모든 기도와 간구로 하되 무시로 성령 안에서 기도하고 이를 위하여 깨어 구하기를 항상 힘쓰며... (엡 6:18).

만물의 마지막이 가까웠으니 그러므로 너희는 정신을 차리고 근신하여 기도하라 (벧전 4:7).

쉬지 말고 기도하라. 감사함으로 기도하라. 성령 안에서 기도하라. 정신을 차리고 기도하라. 사도 베드로는 정신을 차리고 근신해야 말세에 기도할 수 있다고 말씀합니다. 사도 베드로는 단순히 신앙적인 교훈을 하고 있는 것이 아닙니다. 사도 자신의 뼈아픈 체험을 회상하면서 사무친 교훈을 그렇게 하고 있을 것입니다. 사도는 정신을 차리고 기도해야 할 때 그렇지 않음으로 처절하게 실패했던 경험을 가지고 있는 사람입니다. 예수님께서 죽음을 앞둔 마지막 순간에 특별히 사랑하는 제자 세 사람을 데리고 가서 시험에 들지 않게 정신을 차리고 깨어서 나를 위해서 기도해달라는 부탁을 하신 적이 있었습니다. 그리고 예수님은 돌 하나 던지면 닿을 만한 데 나가서 땀방울이 핏방울처럼 보일 만큼 힘써 기도하셨습니다. 잠시 후에 왔더니 베드로는 잠에 빠져서 자고 있었습니다. 예수님이 흔들어 깨웠습니다. "내가 죽을 지경이 됐다. 시험에 들지 않도록 깨어서 기도하라. 네가 지금 큰 시험 당할 그런 위험을 눈앞에 두고 있다. 그러므로 정신을 차리고 깨어서 기도하라." 그렇게 부탁하고 다시 가셨습니다. 기도하다가 예수님이 다시 와봤습니다. 베드로는 또 자고 있습니다. 또 부탁을 하셨습니다. 가서 기도하다가 예수님이 또 와봤습니다. 세 번째 왔는데 또 자고 있었습니다. 그때 예수님이 "이제는 마음껏 자거라 이제는 다 끝났다" 하시고 그것으로 끝낸 적이 있습니다. 바로 그 날 밤에 베드로는 엄청난 시험에 빠지고 말았습니다. 죽는 데까지 따라갈 자신이 있다고 호언장담했던 베드로가 세 번씩 예수님을 모른다고 부인한 것입니다. 그때 닭이 울었고, 베드로는 예수님의 말씀이 생각났습니다. 그리고 밖에 나가서 통곡을 하면서 울었습니다.

베드로는 예수님이 정신을 차리고 깨어서 기도하라고 하실 때 그렇게 하지 않음으로써 처절한 실패를 했던 뼈아픈 경험을 가지고 있습니다. 그러므로 베드로는 이제 예수님을 따르는 신자들에게 보내는 첫 편지의 마지막 부분에서 이렇게 간곡하게 부탁하는 것입니다. "만물의 마지막이 가까웠으니 그러므로 너희는 정신을 차리고 근신하여 기도하라!" 이것은 자기의 뼈아픈 경험을 되새기면서 내놓는 절절한 권면이었을 것입니다.

주님의 기도생활

예수님은 금식기도로 사역을 시작하여, 공생애 3년 내내 기도생활을 멈추지 않으셨고, 죽음이 닥쳐온 마지막 순간에도 기도에 온 힘을 쏟으셨습니다.

공생애를 시작하는 예수님의 첫 모습은 기도하는 모습이었다

예수님이 사역을 수행하시는 정식 무대에 등장하는 첫 장면은 기도하는 모습이었습니다. 누가는 의도적으로 예수님의 기도하는 모습을 강조해서 말합니다. 예수님이 사역자로서 역사의 무대에 그 모습을 드러내는 첫 장면의 모습을 누가는 다른 어떤 복음서의 기자보다도 자세하게 기록해 놓았습니다. 예수님이 기도하실 때 하늘이 열리고 성령이 강림하시고 음성이 들렸다고 기록하고 있습니다. 누가의 기록대로 하면, 예수님은 세례 받으실 때 기도하신 것입니다.

백성이 다 세례를 받을쌔 예수도 세례를 받으시고 기도하실 때에 하늘이 열리며... (눅 3:21).

예수님은 기도로 본격적인 사역을 시작하셨다

본격적인 사역을 시작하면서 예수님은 광야로 가셨습니다. 광야에 가서 40일을 금식하며 주리셨다고 말씀하고 있지만, 그러나 40일 금식했다는 말은 예수님이 기도로 그 사역을 준비하시면서 광야에 있었다고 보아야 합니다. 예수님은 사역을 위한 준비와 시작을 기도로 하셨습니다. 보통의 기도가 아니라 생명을 거는 기도였습니다.

그때에 예수께서 성령에게 이끌리어 마귀에게 시험을 받으러 광야로 가사 사십일을 밤낮으로 금식하신 후에 주리신지라 (마 4:1-2).

예수님은 장소를 찾아, 수시로 기도하셨다

예수는 물러 가사 한적한 곳에서 기도하시니라 (눅 5:16).

새벽 오히려 미명에 예수께서 일어나 나가 한적한 곳으로 가사 거기서 기도하시더니 (막 1:35).

이 때에 예수께서 기도하시러 산으로 가사 밤이 새도록 하나님께 기도하시고 (눅 6:12).

예수께서 즉시 제자들을 재촉하사 자기가 무리를 보내는 동안에 배를 타고 앞서 건너편으로 가게 하시고 무리를 보내신 후에 기도하러 따로 산에 올라가시다 저물매 거기 혼자 계시더니 (마 14:22-23).

예수님은 규칙적으로 지속적인 기도를 하셨다

예수께서 나가사 습관을 좇아 감람산에 가시매 제자들도 좇았더니 (눅 22:39).

예수님은 급한 사역을 보류하면서
기도의 우선순위를 지키셨다

예수의 소문이 더욱 퍼지매 허다한 무리가 말씀도 듣고 자기 병도 나음을 얻고자 하여 모여 오되 예수는 물러가사 한적한 곳에서 기도하시니라 (눅 5:15-16).

예수님은 중요한 일을 앞두고 특별한 기도를 하셨다

이 때에 예수께서 기도하시러 산으로 가사 밤이 새도록 하나님께 기도하시고 밝으매 그 제자들을 부르사 그 중에서 열 둘을 택하여 사도라 칭하셨으니 (눅 6:12-13).

예수님은 힘쓰고 애쓰며 기도 하셨다

저희를 떠나 돌 던질 만큼 가서 무릎을 꿇고 기도하여.... 예수께서 힘쓰고 애써 더욱 간절히 기도하시니 땀이 땅에 떨어지는 피방울 같이 되더라 (눅 22:41, 44).

그는 육체에 계실 때에 자기를 죽음에서 능히 구원하실 이에게 심한 통곡과 눈물로 간구와 소원을 올렸고 그의 경외하심을 인하여 들으심을 얻었느니라 (히 5:7).

예수님은 중보기도를 중요하게 여기셨다

그러나 내가 너를 위하여 네 믿음이 떨어지지 않기를 기도하였노니 너는 돌이킨 후에 네 형제를 굳게 하라 (눅 22:32).

요한복음 17장은 예수님이 붙잡히기 직전에 대제사장으로서 하나님 아버지께 드린 중보기도입니다. 17장 전체가 예수님의 기도문입니다. 예수님은 자신이 중보기도를 함으로 중보기도를 인정하고 중요하게 여기셨을 뿐만 아니라 제자들에게 자신을 위해서 기도해주시기를 부탁하시기도 하셨습니다. 사실 사도 바울도 여러 곳에서 교회들에게 자기 자신과 자기의 복음사역을 위하여 기도해줄 것을 부탁합니다.

베드로와 세베대의 두 아들을 데리고 가실새 고민하고 슬퍼하사 이에 말씀하시되 내 마음이 심히 고민하여 죽게 되었으니 너희는 여기 머물러 나와 함께 깨어 있으라 하시고 조금 나아가사 얼굴을 땅에 대시고 엎드려 기도하여 가라사대 내 아버지여... (마 26:37-39).

예수님은 죽음의 환난을 앞두고 기도하셨다

이에 예수께서 제자들과 함께 겟세마네라 하는 곳에 이르러 제자들에게 이르시되 내가 저기 가서 기도할 동안에 너희는 여기 앉아 있으라 하시고 (마 26:36).

...고민하고 슬퍼하사 이에 말씀하시되 내 마음이 심히 고민하여 죽게 되었으니 너희는 여기 머물러 나와 함께 깨어 있으라 하시고 조금 나아가사 얼굴을 땅에 대시고 엎드려 기도하여 가라사대... (마 26:37-39).

그는 육체에 계실 때에 자기를 죽음에서 능히 구원하실 이에게 심한 통곡과 눈물로 간구와 소원을 올렸고 그의 경건하심으로 말미암아 들으심을 얻었느니라 (히 5:7).

예수님은 지금도 기도하신다

누가 정죄하리요 죽으실 뿐 아니라 다시 살아나신 이는 그리스도 예수시니 그는 하나님 우편에 계신 자요 우리를 위하여 간구하시는 자시니라 (롬 8:34).

그러므로 자기를 힘입어 하나님께 나아가는 자들을 온전히 구원하실 수 있으니 이는 그가 항상 살아서 저희를 위하여 간구하심이니라 (히 7:25).

예수님은 기도를 명하셨다

예수님은 자신이 기도하셨을 뿐 아니라, 제자들에게 기도할 것을 명령하셨습니다.

구하라 그러면 너희에게 주실 것이요 찾으라 그러면 찾을 것이요 문을 두르리라 그러면 너희에게 열릴 것이니 구하는 이마다 얻을 것이요 찾는 이가 찾을 것이요 두드리는 이에게 열릴 것이니라 (마 7:7-8).

지금까지는 너희가 내 이름으로 아무것도 구하지 아니하였으나 구하라 그리하면 받으리니 너희 기쁨이 충만하리라 (요 16:24).

이르시되 어찌하여 자느냐 시험에 들지 않게 일어나 기도하라 (눅 22:46).

이러므로 너희는 장차 올 이 모든 일을 능히 피하고 인자 앞에 서도록 항상 기도하며 깨어 있으라 하시니라 (눅 21:36).

예수님은 기도를 가르치셨다

예수님은 자신이 기도하시고, 제자들에게 기도하라고 명령하셨을 뿐 아니라, 기도를 가르쳐 주셨습니다.

그러므로 너희는 이렇게 기도하라 하늘에 계신 우리 아버지여 (마 6:9).

이러한 일들은 예수님께서 기도를 얼마나 중요하게 여기셨는지를 분명하게 보여줍니다. 주님이 가르쳐주신 기도의 내용이 무엇이며, 그 의미와 오늘날 우리에게 주는 적용적 지침이 무엇인가를 잘 살펴보는 것이 중요합니다. 주님이 가르쳐주신 기도를 깊이 있게 탐구하기 위하여 필자가 출간한 『신자의 간구』(설교자하우스, 2016)를 추천합니다.

구체적인 기도 방법

기도는 하나님의 자녀가 아버지이신 하나님께 자신의 마음을 터놓고 아뢰는 것입니다. 그러므로 어떤 특정한 형식이나 또는 법칙이 있는 것은 아닙니다. 중요한 것은 기도하는 사람의 하나님에 대한 믿음과 기도하는 마음자세, 그리고 하나님과의 관계입니다. 그러나 일반적으로 다음과 같은 방법으로 기도할 것을 권장할 수 있습니다.

나의 기도를 응답해 주실 하나님을 부르기

기도할 때 어떻게 하나님을 부르는지, 여러분 자신이나 다른 사람의 기도를 들은 기억을 되살려 말해 보십시오. 그리고 그러한 칭호가 갖는 의미가 무엇인지도 말해 보십시오. 성경을 펴서 시편 말씀을 넘겨가면서 하나님을 어떻게 다양하게 부르고 있는지 살펴보십시오.(예, 시 27편) 여러분이 기도하고자 하는 특별한 내용이나 상황에 적합한 하나님에 대한 칭호로 하나님을 부르면서 기도를 해보십시오.

내가 하고 싶은 이야기를 말씀드리기

가능하면 다음과 같은 내용으로 말씀을 드리는 것이 좋습니다.

· 찬양

· 자백(회개)

· 감사

· 간구

· 중보기도

기도를 끝맺기

죄인들인 우리는 하나님 앞에 나아갈 수 없습니다. 다만 우리 대신 십자가에서 죽으신 예수님의 공로를 의지하여 나아갈 수 있습니다. 더 나아가 우리는 예수님과 연합한 자로서 하나님 앞에 간구하고 있다는 사실을 근거로 기도할 수 있습니다. 그러므로 우리가 예수님과 연합한 자로서 예수님을 의지하여 하나님께 드린 것임을 고백하는 표현으로 기도의 끝은 "예수님의 이름으로 기도 드립니다"하는 말로 끝맺음을 해야 합니다. "예수님의 이름으로 기도드립니다"라는 말의 참된 의미를 깨닫는 것이 매우 중요합니다. 그것은 예수님의 십자가의 공로를 힘입어서 우리가 하나님께 간구하고, 응답받는 것을 의미합니다. 그 말 자체가 주술적인 힘을 발휘한다는 의미가 아닌 것입니다. 우리가 예수님의 이름을 말할 때 우리는 예수님의 인격과 예수님의 존재 자체를 의식해야 합니다.

> 너희가 내 이름으로 무엇을 구하든지 내가 시행하리니 이는 아버지로 하여금 아들을 인하여 영광을 얻으시게 하려 함이라 내 이름으로 무엇이든지 내게 구하면 내가 시행하리라 너희가 나를 사랑하면 나의 계명을 지키리라 (요 14:13-14).

예수님의 이름으로 기도드렸음을 고백한 다음에는, "아멘"으로 기도를 마칩니다. 아멘은 하나님께 "그렇게 되기를 원합니다."라고 말하는 것입니다. 아멘은 하나님이 우리의 기도를 들으셨다는 사실을 확인하고 선포하는 것입니다. 아멘은 주님께서 우리의 기도에 응답하실 것을 열망하는 표현입니다.

응답 받은 후의 유혹

기도하면 응답받는다는 이야기만 많이 듣지 응답받은 자가 처할 위험에 대해서는 잘 말하지 않는 경향이 있습니다. 그런데 성경에는 응답 받은 것 때문에 아주 치명적인 유혹을 받아 위험에 처했던 사람이 있습니다. 히스기야 왕입니다. 그가 응답받은 이야기는 이사야 38장에 있습니다. 그러나 그 다음 장에서는 히스기야 왕이 응답을 받은 후에 응답받은 사실 때문에 유혹에 빠져서 다시 저주를 받는 사건이 벌어집니다.

> ¹그 때에 발라단의 아들 바벨론 왕 므로닥발라단이 히스기야가 병들었다가 나았다 함을 듣고 글과 예물을 보낸지라 ²히스기야가 사자를 인하여 기뻐하여 그에게 궁중 보물 곧 은금과 향료와 보배로운 기름과 모든 무기고와 보물고에 있는 것을 다 보였으니 궁중의 소유와 전 국내의 소유를 보이지 아니한 것이 없은지라 ³이에 선지자 이사야가 히스기야 왕에게 나아와 묻되 그 사람들이 무슨 말을 하였으며 어디서 왕에게 왔나이까 히스기야가 가로되 그들이

원방 곧 바벨론에서 내게 왔나이다 ⁴이사야가 가로되 그들이 왕의 궁전에서 무엇을 보았나이까 히스기야가 대답하되 그들이 내 궁전에 있는 것을 다 보았나이다 내 보물은 보이지 아니한 것이 하나도 없나이다 ⁵이사야가 히스기야에게 이르되 왕은 만군의 여호와의 말씀을 들으소서 ⁶보라 날이 이르리니 네 집에 있는 모든 소유와 네 열조가 오늘까지 쌓아둔 것이 모두 바벨론으로 옮긴바 되고 남을 것이 없으리라 여호와의 말이니라 ⁷또 네게서 날 자손 중에서 몇이 사로잡혀 바벨론 왕궁의 환관이 되리라 하셨나이다 (사 39:1-7).

이사야 38-39장의 히스기야 왕의 사건은 "환난 당한 자의 기도"(38:1-8), "응답 받은 자의 노래"(38:10-20), 그리고 "응답 받은 자의 유혹"(39:1-8)을 차례로 보여줌으로써, 기도에 대한 중요한 교훈을 주고 있습니다. 히스기야 왕은 죽을 병에 들었다가 기도 응답으로 나음을 얻었습니다. 그 소문이 외국에까지 퍼져서 외국 강대국 왕의 축하를 받을 정도가 되었습니다(39:1). 그러나 이렇게 엄청난 기도 응답의 은혜를 받은 이 사람이 하나님께 결국 받은 것은 책망과 저주였습니다(39:5-6). 어떻게 해서 이런 일이 일어날 수 있는 것인지, 본문은 기도 응답의 은혜를 누리는 사람에게 중요한 사실을 경고하고 있습니다. 히스기야에게는 무슨 일이 일어난 것인지, 그가 바벨론 왕의 축하 사절에게 한 행동을 보면 알 수 있습니다. 그는 자기 자신의 모든 것을 보여주었습니다(2절). 그가 보여준 것들은 자신의 영광과 군사력과 국력들을 과시하는 모든 것이었습니다. 선지자 이사야가 하나님의 보냄을 받고 와서 무엇을 했는지 물었을 때도 히스기야는 자신을 과시할 수 있는 모든 것을 보여주었다며 자랑스럽게 이야기 했습니다. 그러자 선지자는 히스기야 왕을 하나님의 말씀을 따라 책망하고 저주한 것입니다.

히스기야는 이방 나라의 사절단에게 모든 것을 다 보여주었습니다. 그의 기도를 응답하시고, 그의 생명을 연장해주신 하나님을 보여주는 것 한 가지 만을 빼고 자기를 과시할 수 있는 것은 다 보여준 것입니다. 이것이 기도 응답 받은 후의 우리가 받는 위험한 유혹입니다. 세상과 나는 간 데 없고, 응답하신 주님만 보여야 될 때에, 우리는 은혜를 베푸신 주님은 간 데 없고 우리 자신만 대단한 존재인 것처럼 드러내어 보여주려는 유혹에 빠져들기 쉬운 것입니다. 그리하여 하나님과 동행하는 삶이 파탄에 이르고 우리는 하나님 없이 살아가기 시작하는 것입니다. 그러므로 기도 응답을 자기 자신을 드러내고 자기의 능력이나 영성을 과시하는 수단으로 사용하는 것은 매우 위험한 일임을 알아야 합니다. 사실 이스라엘 백성도 환난 가운데서 하나님의 응답을 받아 문제를 해결 받은 후에는 거의 언제나 유혹에 빠져 교만해짐으로써 다시 불신앙과 악을 저지르는 실수를 범하였습니다. 오늘날 기도에 힘쓰며 살아가는 우리도 이 위험에 노출되어 있다는 사실을 잊지 않아야 합니다.

하나님과 동행하는 기도생활의 실천

기도는 하나님의 자녀가 하나님과 만나는 만남이요, 함께 나누는 교제요, 대화입니다. 그러므로 특별한 시간이나, 장소나, 모습이나, 내용이나, 어법이나, 스타일 등에 제한이 없습니다. 다시 말하면 기도는 원칙적으로 하나님의 자녀이면 장소적으로 어디서나, 시간적으로 언제나, 방법적으로 어떤 모습으로든지 할 수 있습니다. 중요한 것은 우리가 기도로서 하나님과 동행하는 생활을 지속적으로 유지해나갈 수 있도록 기도를 실천하는 것입니다. 지속적인 기도생활의 유지를 위하여 나름대로 어떤 의도적인 장치를 마련해두는 것도 효과적일 수 있습니다.

기도에 대한 생각의 전환

기도를 부담이나, 힘든 일, 심지어 "십자가"로 여기는 잘못된 인식을 버리고, 기도는 하나님과 동행하는 축복이라는 생각을 갖도록 기도에 대한 생각의 전환이 필요합니다. 기도하는 것이 여러 일들과 피곤으로 힘드는 상황에서도, 그렇게 힘든 상황인데도 기도해야 된다는 생각이 들고, 또 기도하는 자리에 앉아있다는 것 자체가 이미 은혜요, 복이라는 믿음으로 감사하는 것이 중요합니다. 기도는 부담이거나, 괴로움이 아니고, 축복이요 은혜 받은 증거인 것입니다.

균형 있는 기도활동

혼자서 갖는 개인기도는 물론 공동체의 연합 기도에도 참여하여 균형있는 기도생활을 하는 것이 중요합니다. 혼자 기도하다가 지치거나 침체될 때 공동체의 연합기도에서 힘을 얻을 수 있습니다. 공동체의 기도에 참여함으로써 다른 사람의 기도를 돕는 귀한 일을 감당하게도 됩니다. 하나님께서 우리 각자를 개인별로 구원하셨지만, 우리를 하나님 나라의 공동체 안으로 불러내셨다는 사실을 잊지 않아야 합니다. 신앙생활의 면면이 자기 자신 혹은 개인적인 관심에만 제한되는 것은 우리를 구원하신 하나님의 의도에도 맞지 않고, 주님이 진행하시는 구속역사의 목적에도 맞지 않음을 알아야 합니다.

기도의 좋은 습관 만들기

시간적으로, 때로는 장소적으로, 그리고 기도 제목에 따른 기도를 작정하고, 반복적으로 지속적으로 하는 습관을 만드는 것은 우리가 지속적인 기도생활을 하는 데 도움을 줍니다. 예를 들면, 정오의 기도, 취침전 기도, 초하루 특별새벽기도, 금요심야기도, 새벽기도, 월례산기도 등은 시간에 따른 작정이고, 산기도, 기도원기도, 예배실 기도, 식탁기도, 침대 기도 등은 장소를, 그리고 환자를 위한 기도, 남편을 위한 기도, 자녀를 위한 기도, 선교사를 위한 기도 등은 기도 제목에 따라서 기도를 작정하는 경우입니다. 예를 들어, "매주 월, 수, 금요일 아이들이 등교한 후에, 식탁에 앉아서 15분간 목사님을 위해서 기도해야겠다"는 것은 이 모두를 종합한 구체적인 기도 작정입니다. 그리고 이것을 계속하면 기도에 대한 좋은 습관이 되는 것입니다.

기도문이나 기도일기 쓰기

기도문을 써보거나, 기도일기를 쓰거나 혹은 기도수첩을 기록하는 습관도 우리가 흥미를 잃지 않고 지속적인 기도를 실천하는 좋은 아이디어가 됩니다.

말씀생활과 병행

말씀생활과 병행이 되어야 기도의 내용이 풍부해지고, 확신을 가진 기도를 할 수 있습니다. 또 하나님의 뜻에 합하는 기도를 분별하면서 할 수 있게 됩니다. 말씀생활을 전혀 하지 않고 열광적으로 기도만 하는 것은 위험합니다. 기도하지 않고 말씀만 열심히 파고드는 것도 위험합니다. 이것은 하나님과 교제가 쌍방으로 되지 않는다는 점에서도 위험하지만, 신앙체질에 있어서도 위험합니다. 말씀에 전혀 관심이 없고 기도만 열광적으로 하면 자칫하면 광신자가 되기 쉽습니다. 그러나 기도 없이 말씀만 계속 파고들고 말씀만 붙잡고 있으면 사람이 얼음덩어리처럼 되기

섭습니다. 말씀과 병행하는 기도를 해야 말씀이 이렇게 했으니 확실히 응답 되겠구나, 또는 말씀을 보니까 이렇게 됐는데 이렇게 기도하는 것은 잘못이구나 하는 등, 하나님의 뜻을 찾아가는 기도를 할 수 있게 됩니다. 말씀에 이렇게 되어있으니 이것도 기도해야겠구나 하는 등 확신을 갖고 다양한 내용으로 기도할 수 있습니다. 또 기도할 때 말씀을 인용하면서 기도하고, 말씀을 내 기도의 고백으로 삼아 기도함으로 어느 때는 참으로 특이한 은혜가 임할 때가 있습니다.

중보기도의 개발

다른 사람들의 필요와 문제의 해결에 관심을 갖고 중보기도를 시도하는 것이 기도생활을 더 풍성하게 하며, 기도의 즐거움을 누리는 데도 큰 유익이 됩니다.

기도생활의 나눔

바리새인들처럼 자기를 과시하고 드러내려는 동기가 살아나지 않도록 경계해야 합니다. 그러나 나는 어떻게 기도하고 있는가? 나는 기도하려고 했다가 어떻게 실패했었는가? 그 실패를 어떻게 극복했는가? 나는 기도했는데 어떻게 응답을 받았는가? 이런 것들을 다른 사람들과 나누면 나눔을 받는 사람들에게도 좋지만 나누는 나에게 기도에 대한 확신이 다시 재확인되고 의외의 활력이 생기고 그렇게 해서 실제 기도생활을 실천하는 데

상당한 도움이 됩니다.

기도 책임을 자원하여 감당

교회에서 시행하는 기도행사에 자원하여 기도책임을 담당하거나, 혹은 다른 사람에게 기도 약속을 함으로써 책임을 짊어지는 것도 자신의 지속적이고 규칙적인 기도생활을 위하여 도움이 됩니다. 기도 책임을 감당하는 가운데 하나님의 은혜를 체험하게 되어 신앙이 자라게 됩니다.

기도에 대한 공부와 독서

기도에 대한 지식이 곧 기도인 것은 아니지만, 기도에 대한 성경의 가르침, 그리고 기도를 위한 실제적인 교훈들을 공부하고, 그리고 기도의 삶을 산 사람들의 간증 등을 읽는 것이 우리에게 기도생활에 대한 도전과 기대, 그리고 감동과 의욕을 불러일으켜서 우리가 실제로 기도를 실천하는데 도움이 될 수 있습니다.

다시 시작하는 용기

하나님과 동행하는 기도생활은 한 번의 결심과 청사진 작성으로 이루어지는 것이 아닙니다. 아무리 결심을 하고 작정을 하여 실천을 시작하여도 언젠가 다시 중단하게 되는 경험을 누구나 합니다. 그러나 언제라도 중단되었던 기도의 단을 다시 쌓기 시작하는 용기가 필요합니다. 용기 있는 사람은 실패한 것을 딛고 다시 시작하는 사람입니다. 무너진 기도의 단을 다시 수축하는 것은 용기일 뿐 아니라, 축복이라는 사실을 기억해야 합니다. 끝까지 안하는 것보다 이제라도 다시 시작하는 것이 우리에게 유익이고, 하나님도 기뻐하시는 것입니다.

기도, 다시 생각해보기

1. 어떤 점에서 우리의 기도가 하나님과 동행하는 방편이 됩니까?

2. 어떤 점에서 기도는 부담이나 무거운 짐이 아니라 신자에게 주어진
   특권이라고 할 수 있습니까?

3. 어떤 점에서 기도는 우리가 하나님과 맺고 있는 특별한 관계를
   누리는 것이라고 할 수 있습니까? 기도를 통하여 우리가 확인하고
   또 누리는 하나님과의 관계는 어떤 것들입니까?

   _____

   _____

   _____

4. 하나님과 동행하는 기도생활을 위하여 당신이 지금부터 실천할 수
   있는 것은 무엇입니까?

   _____

   _____

   _____

하나님과
동행하는 삶

PART 4

예배로 동행

1

우리는
예배로
하나님과 동행한다

우리는 예배를 통해서 하나님과 함께 있게 됩니다. 예배의 가장 중요한 본질은 하나님과 그의 백성이 한 자리에 있다는 것입니다. 사실 하나님께서 우리를 불러내신 중요한 목적 가운데 하나는 하나님을 예배하게 하려는 것이었습니다. 하나님께서 애굽에서 이스라엘 백성들을 끌어 내면서 "내가 억압 받는 이스라엘 백성들을 애굽에서 끌어 낸 것은 이들로 하여금 나를 찬양하게 하려는 것이라"고 말씀하셨습니다.

그러므로 우리 그리스도인들에게 있어서 예배는 참으로 중요합니다. 예배는 하나님과 함께 있는 가장 강력하고 가장 현실적인 눈에 보이는 모습입니다. 예배는 하나님의 은총을 받은 이들이 공동체로 하나님과 함께하는 가장 결정적인 기회요, 그 현장입니다. 그러므로 예배에 실패하는 사람은 결국 모든 것을 실패하게 됩니다. 아무리 지금 아무 일 없고 은혜를 많이 받는 것 같아도 예배를 소홀히 하기 시작하고 예배에 실패하기 시작하면 결국에는 모든 것에 실패하게 되어 있습니다. 마치 나무에 가지가 있어서 끊어졌는데 그것이 완전히 마를 때까지는 여전히 살아 있는 것처럼 보일 뿐이지 사실은 끊어졌을 때 그 이파리는 죽은 것이고 결국 시들어서 누렇게 되는 것과 마찬가지입니다. 하나님은 그의 백성의 예배 가운데 그들과 동행하십니다.

이스라엘의 찬송 중에 거하시는 주여 주는 거룩하시니이다 (시 22:3).

시편 기자가 여기서 말하는 찬송은 그들이 부르는 노래 가락을 말하는 것이 아닙니다. 하나님께 드리는 예배를 말하는 것입니다. 특히 구약에서는 예배를 찬송이라는 말로 말한 곳이 거의 대부분입니다. 구약에서는 제사라는 말을 많이 쓰지만, 우리의 예배를 말하는 구약의 아주 중요한 단어는 찬송이라는 말입니다. 시편 22편 3절의 말씀도 이스라엘이 드리는 예배 가운데 계시는 주님이라는 말입니다. 하나님의 백성이 하나님을 예배할 때 하나님은 그 백성 가운데 임재하십니다. 하나님이 그 백성의 예배를 통하여 그들과 동행하시는 것입니다. 예배는 우리가 하나님과 동행하는 구체적인 방식이요, 그 현장입니다. 그러므로 우리의 예배는 단순히 공연이나 행사나 하나의 절차가 아닙니다. 예배는 놀랍고도 복된 요소들을 그 안에 담고 있습니다.

예배는 백성들이 왕 앞에 나아가는 것이다

　사람들은 예배드리는 것을 설교 듣는 것과 같은 것으로 생각하는 경우가 많습니다. 그러나 예배는 설교를 듣는 것 이상입니다. 하나님의 선택을 받은 하나님의 백성들이 왕이신 하나님 앞에 나아가는 것이 예배입니다. 그러므로 예배의 시작은 하나님께서 우리를 선택하여 하나님의 백성을 삼아주신 사건으로부터 시작합니다. 하나님의 선택을 받은 사람, 너는 나에게 와서 예배드릴 수 있다고 하나님이 인정하신 사람들, 곧 하나님의 자녀들만 예배자로서 하나님 앞에 나아갈 수 있습니다. 이것이 이교도들의 예배와 본질적으로 다른 점입니다. 이교도들의 예배는 사람들이 자기들이 예배할 신을 선택하는 데로부터 시작합니다. 그리고 그들은 그 신에 대한 경외심으로가 아니라, 그 신을 달래어 소기의 목적을 이루려는 의도로 나아갑니다. 그러나 그리스도인의 예배는 왕 앞에 서는 백성과 왕 사이의 위엄과, 그 왕의 선택을 받아 나가는 감격과 감사가 그 원동력입니다.

예배에서 하나님의 임재를 경험한다

　예배는 하나님 앞에 나아온 백성과, 예배하는 백성을 찾아오시는 하나님이 함께 거하는 만남의 장입니다. 그러므로 예배는 그리스도인들이 모든 삶의 원동력을 얻는 축복의 장입니다. 예배를 통하여 죄의 사유와 상처의 치유와 회복, 그리고 새 소망의 은혜로 임하시는 하나님을 체험하며, 하나님의 영광의 임재를 경험하게 되는 것입니다. 그러므로 예배에 실패하는 신앙인은 마치 수도꼭지가 수원지에서 끊어진 것처럼, 결국은 모든 것에서 실패하게 되고 마는 것입니다.

예배에서 하나님이 행하신 역사들을 기억하며 확인한다

우리는 예배에서 하나님은 어떠한 분인가, 무슨 말씀을 하셨는가, 무엇을 행하셨는가, 무엇을 원하시는가, 무슨 일을 하려 하시는가 등을 찬송, 기도, 말씀, 특별한 예전 등을 통하여 기억하고 확인합니다. 다시 말하면 하나님의 구속의 역사를 기억하고 확인하는 것입니다.

예배에서 우리 자신이 당사자임을 확인한다

하나님이 이루신 과거의 역사, 현재의 섭리, 그리고 장래의 역사가 바로 나 자신도 포함되는 역사임을 확인하는 것입니다. 하나님이 우리 선조들에게, 그리고 오늘날의 백성들에게, 그리고 장차 우리 후손들에게 이루실 그 역사가 바로 나 자신도 포함되는 나의 역사임을 확인하는 것입니다.

우리 하나님 여호와께서 호렙산에서 우리와 언약을 세우셨나니 이 언약은 여호와께서 우리 열조와 세우신 것이 아니요 오늘날 여기 살아 있는 우리 곧 우리와 세우신 것이라 (신 5:2-3).

예배에서 깨어진 하나님과의 관계를 회복한다

예배에서 우리는 하나님의 거룩하신 임재 앞에서 드러나는 우리의 죄악과 그로 말미암아 무너지고, 깨져버린 우리 자신의 모습을 발견하게 됩니다. 죄와 실수로 말미암아 하나님과 그가 이루신 역사에서 떨어져나간 상한 자신의 모습을 발견하면서 우리는 하나님의 사유하심의 은총과 그로 말미암은 치유와 회복을 열망하는 회개의 자리로 나아가게 됩니다. 그리고 죄와 실수로 깨어지고 상한 우리의 모습을 바라보며 하나님 앞에서 상한 마음으로 통회와 회개를 쏟아놓게 됩니다. 하나님의 사유하심의 은총과 회복에 약속을 붙잡고 쏟아내는 우리의 통회와 회개는 임재하신 하나님의 은혜로 거룩한 기쁨과 신령한 평안이 회복되는 새 출발의 경지를 경험하게 합니다. 이것이 우리의 예배에서 하나님이 일으키시는 은혜의 역사입니다.

하나님의 구하시는 제사는 상한 심령이라 하나님이여 상하고 통
회하는 마음을 주께서 멸시치 아니하시리이다 (시 51:17).

여호와께서 말씀하시되 오라 우리가 서로 변론하자 너희 죄가 주
홍 같을지라도 눈과 같이 희어질 것이요 진홍 같이 붉을지라도 양
털 같이 되리라 (사 1:18).

예배에서 기쁨과 감격과 감사와 결단을 표현한다

하나님이 이루신 그 구속의 역사가 바로 나의 역사라는 사실
에 대한 확인과 혹시 그것이 나의 실수와 범죄로 깨어졌을지라
도 상한 심령과 통회하는 회개의 제사로 다시 치유되고 회복되
었다는 확인은 자연히 우리로 하여금 기쁨과 감사와 감격과 그
역사에 참여한 자답게 살고자하는 결단이 일어나게 합니다. 그
리고 우리는 예배에서 찬양으로, 기도로, 봉헌으로, 그리고 서로
를 향한 축복과 위로로 그것을 고백하며 드러내어 표현하는 것
입니다. 그러므로 결국 예배는 하나님이 주인이 되시는 축제의
장이 되는 것입니다. 예배는 언제나 축제의 현장인 것이며 이것
은 우리가 인위적으로 만들어내는 공연이 아니라, 예배에서 일
어나는 하나님과 우리 사이의 관계에 대한 인식과 경험으로부터

일어나는 것입니다.

예배에서 공동체의 교제와 축제를 경험한다

예배에서 나와 같은 예배자가 나 혼자가 아니라, 이곳에 함께 앉아 있는 우리 모두가 그 은혜를 받아 왕이신 하나님 앞에 함께 나아온 지체들임을 확인합니다. 그리고 그 감격을 함께 나누는 공동체의 축제에 찬 교제를 나누게 됩니다. 그리고 이러한 축제의 예배에 어떤이유로든지 소외되거나 비껴 서있는 지체들이 없는지 그들을 배려하여 함께 예배의 축제를 누릴 배려를 하게 됩니다. 결국 예배는 하나님과의 공동체적 동행의 실현입니다. 예배는 구원받은 신자들이 공동체를 이루어 가장 현실적이고도 강력하게 하나님과 동행하는 구체적인 현장입니다.

> ¹⁰느헤미야가 또 이르기를 너희는 가서 살진 것을 먹고 단 것을 마시되 예비치 못한 자에게는 너희가 나누어 주라 이 날은 우리 주의 성일이니 근심하지 말라 여호와를 기뻐하는 것이 너희의 힘이니라 하고 ¹¹레위 사람들도 모든 백성을 정숙케 하여 이르기를 오늘은 성일이니 마땅히 종용하고 근심하지 말라 하매 ¹²모든 백성이 곧 가서 먹고 마시며 나누어 주고 크게 즐거워하였으니 이는 그 읽어 들린 말을 밝히 앎이니라 (느 8:10-12).

그러므로 하나님의 백성으로서 드리는 우리의 예배는

- 단순히 찬양을 부르는 것 이상입니다.
- 단순히 설교를 듣는 것 이상입니다.
- 단순히 한 시간 앉아 있다가 돌아가는 것 이상입니다.
- 단순히 예배를 보는 것이나, 예배에 참석하는 것 이상입니다.
- 예배는 하나님의 영광의 임재를 경험하는 영적 사건이요, 그로부터 오는 감격과 감사와 사랑의 행위입니다.
- 예배는 거룩하신 임재 앞에서 드러나는 죄로 무너진 자신의 상한 모습을 발견하며 상하고 통회하는 심령으로 하나님의 치유와 회복을 열망하는 거룩한 기쁨으로 충만한 회개의 행위입니다.
- 결국, 예배는 공동체가 가장 현실적이고도 강력한 방식으로 하나님과 동행하는 구체적인 모습입니다.

하나님과 동행하는 예배생활을 위하여 기억할 일

하나님만이 예배를 받으실 유일한 대상자이다

우리는 누구에게 예배하는가를 분명히 의식해야 합니다. 우리는 예배를 드리는 자들이고, 하나님이 오직 예배를 받으시는 분임을 분명히 인식해야 합니다. 예배에는 여러 다른 지체와의 반가운 만남과 교제가 있는 것이 분명하지만, 그러나 오랜만에 지인들을 만나는 회합자체를 위한 것이 아닙니다. 예배는 나의 경건이 드러나는 현장이 되기는 하지만, 그러나 나의 경건스러움을 다른 사람에게 보여주기 위한 것은 아닙니다. 예배를 통해서 내가 경건하게 주를 찬양하는 모습과 두려움으로 주 앞에서 기도하는 모습과 주의 말씀을 정신을 차리고 들으면서 감동하는 이런 경건한 모습들이 드러나는 것이 예배입니다. 그러나 예배가 나의 경건스러움을 다른 사람에게 보여주는 무대인 것은 아님니다. 동시에 다른 사람의 공연을 관람하는 자리도 아닙니다. 예배에는 평안과 감격이 반드시 있지만, 그러나 나 자신의 만족과 자기도취에 빠져서 잠시 다른 분위기에 젖어보는 기분전환을 위한 것은 아닙니다. 예배는 하나님 앞에 나아가서 하나님께 드리는 것입니다. 우상에게 예배하는 것은 예배를 받으실 유일하신 하나님의 존재를 부인하거나 배반하는 일입니다. 그러므로 하나님께서는 우상을 숭배하는 자와 동행하지 않으시며 오히려 징계하십니다. 하나님은 하나님만을 유일한 예배의 대상자로 아는 자들이 그 유일한 대상자에게만 드리는 예배를 원하십니다.

.... 우리가 우상은 세상에 아무 것도 아니며 또한 하나님은 한분밖에 없는 줄 아노라 비록 하늘에나 땅에나 신이라 칭하는 자가 있어 많은 신과 많은 주가 있으나 그러나 우리에게는 한 하나님 곧 아버지가 계시니 만물이 그에게서 났고 우리도 그를 위하며 또한 한 주 예수 그리스도께서 계시니 만물이 그로 말미암고 우리도 그로 말미암았느니라 (고전 8:4-6).

내가 두루 다니며 너희의 위하는 것들을 보다가 알지 못하는 신에게라고 새긴 단도 보았으니 그런즉 너희가 알지 못하고 위하는 그것을 내가 너희에게 알게 하리라 (행 17:23).

너를 위하여 새긴 우상을 만들지 말고 또 위로 하늘에 있는 것이

나 아래로 땅에 있는 것이나 땅 아래 물 속에 있는 것의 아무 형상이든지 만들지 말며 (출 20:4).

내가 너희의 산당을 헐며 너희의 태양 주상을 찍어 넘기며 너희 시체를 파상한 우상 위에 던지고 내 마음이 너희를 싫어할 것이며 (레 26:30).

그러므로 예배하는 자는 반드시 하나님께만 예배하는 환경을 조성해야 합니다.

너희가 쫓아낼 민족들이 그 신들을 섬기는 곳은 높은 산이든지 작은 산이든지 다른 나무 아래든지 무론하고 그 모든 곳을 너희가 마땅히 파멸하며 그 단을 헐며 주상을 깨뜨리며 아세라 상을 불사르고 또 그 조각한 신상들을 찍어 그 이름을 그곳에서 멸하라 너희 하나님 여호와에게는 너희가 그처럼 행하지 말고 (신 12:2-4).

우상에게 드린 제물(음식)의 문제

우상에게 드린 제물 곧 제사음식을 먹을 것인가 말 것인가라는 기준으로 획일적으로 다루는 것은 위험합니다. 근본적인 원리는 먹을 수 있는 것이지만, 그러나 먹는 것이 오히려 죄가 되는 경우도 있습니다. 먹는 것이 자유로운 사람도 있고, 먹는 것이 죄

책과 부담이 되는 사람도 있습니다. 그러므로 우상에게 드린 음식을 먹는 문제를 포함한 일반적인 음식 섭취의 문제는 신앙의 원리와 덕을 세우는 원리, 다른 사람을 배려하는 원리 등이 지혜롭게 적용되어야 합니다. 1) 우리는 모든 음식을 자유롭게 먹을 수 있습니다. 모든 음식이 다 하나님께서 주신 것이기 때문입니다. 2) 그러나 개인적인 신앙의 체질이나 양심에 따라 다를 수 있으므로 다른 사람이 나의 음식 먹는 자유로 말미암아 실족이 되지 않는지를 살펴서 처신해야 합니다. 나의 자유가 다른 사람을 실족하게 한다면 그것은 죄가 됩니다. 음식을 먹은 것은 죄가 되지 않지만, 다른 사람의 믿음을 실족시킨 것은 죄가 됩니다. 다른 사람을 위하여 절제하거나 배려함이 없이 음식을 섭취한 것이 그 죄의 원인이 되는 것입니다. 다른 사람을 위하여 나의 거리낌 없이 음식을 섭취할 수 있는 자유를 포기하는 자유야말로 신앙인이 누리는 고차원의 자유입니다.

그러나 이 지식은 사람마다 가지지 못하여 어떤 이들은 지금까지 우상에 대한 습관이 있어 우상의 제물로 알고 먹는 고로 그들의 양심이 약하여지고 더러워지느니라 [8]식물은 우리를 하나님 앞에 세우지 못하나니 우리가 먹지 아니하여도 부족함이 없고 먹어도 풍성함이 없으리라 [9]그런즉 너희 자유함이 약한 자들에게 거치는 것이 되지 않도록 조심하라 [10]지식 있는 네가 우상의 집에 앉아 먹는 것을 누구든지 보면 그 약한 자들의 양심이 담력을 얻어 어찌 우상의 제물을 먹게 되지 않겠느냐 [11]그러면 네 지식으로 그 약한 자가 멸망하나니 그는 그리스도께서 위하여 죽으신 형제라 [12]이같이 너희가 형제에게 죄를 지어 그 약한 양심을 상하게 하는 것이 곧 그리스도에게 죄를 짓는 것이니라 [13]그러므로 만일 식물이 내 형제로 실족케 하면 나는 영원히 고기를 먹지 아니하여 내 형제를 실족치 않게 하리라 (고전 8:7-13).

혼인을 금하고 식물을 폐하라 할 터이나 식물은 하나님이 지으신 바니 믿는 자들과 진리를 아는 자들이 감사함으로 받을 것이니라 하나님의 지으신 모든 것이 선하매 감사함으로 받으면 버릴 것이 없나니 하나님의 말씀과 기도로 거룩하여짐이니라 (딤전 4:3-5).

이러므로 우리가 화평의 일과 서로 덕을 세우는 일을 힘쓰나니 식물을 인하여 하나님의 사업을 무너지게 말라 만물이 다 정하되 거리낌으로 먹는 사람에게는 악하니라 고기도 먹지 아니하고 포도주도 마시지 아니하고 무엇이든지 네 형제로 거리끼게 하는 일을 아니함이 아름다우니라 (롬 14:19-21).

예배는 제물을 드림이 아니라, 나를 드림이다

성경에 등장하는 인류 최초의 예배는 제물이 아니라, 제물을 드리는 사람이 누구인가 하는 것이 문제라는 것을 확고하게 못

박고 있습니다. 가인과 아벨의 예배에 있어서 가인이 실패한 결정적인 문제는 제물을 잘못 드린 것이 아니었습니다. 자기를 드려야 하는 일에 실패한 것입니다.

> 세월이 지난 후에 가인은 땅의 소산으로 제물을 삼아 여호와께 드렸고 [4]아벨은 자기도 양의 첫 새끼와 그 기름으로 드렸더니 여호와께서 아벨과 그 제물은 열납하셨으나 [5]가인과 그 제물은 열납하지 아니하신지라 가인이 심히 분하여 안색이 변하니 [6]여호와께서 가인에게 이르시되 네가 분하여 함은 어찜이며 안색이 변함은 어찜이뇨 [7]네가 선을 행하면 어찌 낯을 들지 못하겠느냐 선을 행치 아니하면 죄가 문에 엎드리느니라 죄의 소원은 네게 있으나 너는 죄를 다스릴지니라 (창 4:3-7).

아벨이 하나님께서 받으실만한 사람이어서 그가 드린 제물을 받으시고, 가인은 하나님이 받으실만한 사람이 아니어서 그가 드린 제물을 받지 않으신 것입니다. 예배에서 가장 중요한 것은 제물이 아니라, 우리 자신입니다. 하나님께서 받으실 수 없는 나 자신을 내가 드린 제물이 받으실만한 사람으로 바꾸어주지 않습니다. 그러므로 무엇을 드리는가 보다, 나 자신이 하나님께서 받으실 만한 사람인가 하는 것이 더욱 중요합니다.

가장 중요한 것은 하나님과의 관계이다

예배에서 가장 중요한 것은 외형적인 형식이나, 제물이나, 모임의 회수 등이 아닙니다. 예배하는 자와 예배를 받으시는 하나님과의 관계입니다. 하나님과의 관계가 잘못된 채 스스로의 만족을 위해서 형식적으로 드리는 예배는 하나님과는 아무런 상관이 없는 행위가 되는 것입니다.

[11]여호와께서 말씀하시되 너희의 무수한 제물이 내게 무엇이 유익하뇨 나는 수양의 번제와 살진 짐승의 기름에 배불렀고 나는 수송아지나 어린 양이나 수염소의 피를 기뻐하지 아니하노라 [12]너희가 내 앞에 보이러 오니 그것을 누가 너희에게 요구하였느뇨 내 마당만 밟을 뿐이니라 [13]헛된 제물을 다시 가져 오지 말라 분향은 나의 가증히 여기는 바요 월삭과 안식일과 대회로 모이는 것도 그러하니 성회와 아울러 악을 행하는 것을 내가 견디지 못하겠노라 [14]내 마음이 너희의 월삭과 정한 절기를 싫어하나니 그것이 내게 무거운 짐이라 내가 지기에 곤비하였느니라 [15]너희가 손을 펼 때에 내가 눈을 가리우고 너희가 많이 기도할지라도 내가 듣지 아니하리니 이는 너희의 손에 피가 가득함이니라 [16]너희는 스스로 씻으며 스스로 깨끗케 하여 내 목전에서 너희 악업을 버리며 악행을 그치고 [17]선행을 배우며 공의를 구하며 학대 받는 자를 도와주며 고아를 위하여 신원하며 과부를 위하여 변호하라 하셨느니라 [18]여호와께서 말씀하시되 오라 우리가 서로 변론하자 너희 죄가 주홍 같을

지라도 눈과 같이 희어질 것이요 진홍 같이 붉을지라도 양털 같이 되리라 ¹⁹너희가 즐겨 순종하면 땅의 아름다운 소산을 먹을 것이요 ²⁰너희가 거절하여 배반하면 칼에 삼키우리라 여호와의 입의 말씀이니라 (사 1:11-20).

너는 하나님의 전에 들어갈 때에 네 발을 삼갈지어다 가까이하여 말씀을 듣는 것이 우매자의 제사 드리는 것보다 나으니 저희는 악을 행하면서도 깨닫지 못함이니라 (전 5:1).

예배는 시간적 행위요 동시에 공간적 행위이다

예배는 공간을 전제하고, 시간을 전제한 행위입니다. 그러므로 예배를 위하여 예배의 시간과 공간 즉 예배 장소를 분명히 해야 합니다. 예배는 약속된 장소에서 약속된 시간에 공동체가 함께 하나님께 나아가는 것입니다. 그러므로 눈에 보이는 한 공동체에 소속하는 것이 중요합니다. 그리고 그 공동체가 약속하여 모이는 예배장소에 나아가 규칙적인 예배를 드리는 것이 중요합니다. 봉사와 헌신 혹은 교제를 피하기 위해서 아무 예배 공동체에도 소속함이 없이 떠도는 것은 하나님이 원하시는 성경적인 일이 아닙니다. 그것은 결코 지혜롭지도, 본인에게 유익하지도 않습니다. 교회를 탐방하듯이, 순례하듯이, 견학하듯이 떠돌아다니는 것은 바른 예배자의 처신이 아닙니다.

오직 너희 하나님 여호와께서 자기 이름을 두시려고 너희 모든 지파 중에서 택하신 곳인 그 거하실 곳으로 찾아 나아가서 너희 번제와 너희 희생과 너희의 십일조와 너희 손의 거제와 너희 서원제와 낙헌 예물과 너희 우양의 처음 낳은 것들을 너희는 그리로 가져다가 드리고 (신 12:5-6).

예배를 실천하려는 의지적 결단이 있어야 한다

예배는 가만히 있는데 저절로 우러나서 드려지는 것이 아닙니다. 우리가 하나님께 예배하는 자로 살기 위해서는 예배하는 일을 힘써야 합니다. 예배하기 위해서는 의지적 결단이 있어야 합니다. 예배자는 이 사실을 꼭 기억해야 합니다. 우리의 예배생활에는 영적인 방해세력이 있고, 우리 자신의 연약함과 부정함에서 오는 장애물이 있음을 알아야 합니다. 그리고 그것들을 의지적으로 극복하려는 노력이 있어야 합니다. 첫째는 예배현장 곧 예배처소와 예배시간에 모이는 일을 힘써야 합니다. 둘째는 예배드리는 일을 힘써야 합니다. 이것은 예배에 대한 우선순위를 바로 정하는 것을 말합니다. 예배는 시간적으로나 정신적으로나 여유가 생기면 하는 여가선용이 아님을 명심해야 합니다. 예배는 무엇보다도 우선적으로 해야 하는 최우선순위의 일입니다. 우리는 예배로 하나님과 동행하며, 예배를 통하여 신앙인의 삶을 성공적으로 수행해 나갈 원동력을 얻습니다. 그러므로 예배가 잘못되면 결국에는 모든 것이 잘못됩니다. 예배에 실패하면 결국 모든 것을 실패하게 됩니다. 예배는 하나님과 동행하는 가장 직접적이고도 강력한 눈에 보이는 모습입니다. 많은 교회들이 주일 오후예배나 저녁 예배를 폐쇄하고 있습니다. 수요 예배를 폐쇄한 교회가 많이 있습니다. 주일 저녁 예배를 다른 프로그램으로 대치하거나 아니면 아예 드리지 않는 교회들이 자꾸 늘어가고 있습니다. 이것이 옳은 것인지 깊이 생각해 보아야 합니다.

> 모이기를 폐하는 어떤 사람들의 습관과 같이 하지 말고 오직 권하여 그날이 가까움을 볼수록 더욱 그리하자 (히 10:25).

> 네 마음을 다하고 목숨을 다하고 뜻을 다하고 힘을 다하여 주 너의 하나님을 사랑하라 하신 것이요 (막 12:30).

예배생활이 자손에게 이어지게 해야 한다

우리는 예배를 드릴 때 마다 이 예배가 우리의 자녀와 자녀의 자녀들에게도 계속 전수되어야 한다는 소원을 품어야 합니다. 우리의 자녀들 평생을 예배자로 살뿐만 아니라, 또한 예배자의 삶을 자기의 자손들에게 물려주는 사람들이 되도록 가르치고 격려해야 합니다. 예배의 전통을 자녀에게 물려주는 것이 그들이 하나님의 복을 누리며 사는 가장 확실한 길임을 성경은 강조합니다. 구약시대의 아버지들에게 주어진 가장 중요한 사명 가운데 하나가 그것입니다. 구약에서 아버지들은 단순한 혈육의 대표요 가문의 지도자가 아닙니다. 이스라엘 백성들에게 아버지들은 하나님의 언약의 전승자들입니다. 하나님의 언약을 받은 자로 그 언약관계를 다음 세대에게 넘겨주는 참으로 중대한 책임을 걸머진 자들인 것입니다. 그 언약관계의 핵심은 하나님을 경외하는 것이고, 하나님 경외를 표현하는 핵심적인 삶 가운데 하나는 예배입니다. 교회 공동체 안에서는 우리 세대에서 다음 세대로 그리고 다시 그 다음 세대로 주님 오실 때까지 예배를 이어가는 교회가 되어야 한다는 소원과 책임을 품어야 합니다.

> ²곧 너와 네 아들과 네 손자로 평생에 네 하나님 여호와를 경외하며 내가 너희에게 명한 그 모든 규례와 명령을 지키게 하기 위한 것이며 또 네 날을 장구케 하기 위한 것이라 ³이스라엘아 듣고 삼가 그것을 행하라 그리하면 네가 복을 얻고 네 열조의 하나님 여호와께서 네게 허락하심 같이 젖과 꿀이 흐르는 땅에서 너의 수효가 심히 번성하리라 ⁴이스라엘아 들으라 우리 하나님 여호와는 오직 하나인 여호와시니 ⁵너는 마음을 다하고 성품을 다하고 힘을 다하여 네 하나님 여호와를 사랑하라 (신 6:2-5).

3

하나님과 동행하는
예배생활을 위하여
실천할 일

예배를 사모해야 한다

예배를 사모하는 것입니다. 다윗은 정말 예배를 사모한 사람이었습니다.

내가 여호와께 청하였던 한 가지 일 곧 그것을 구하리니 곧 나로 내 생전에 여호와의 집에 거하여 여호와의 아름다움을 앙망하며 그 전에서 사모하게 하실 것이라 ... 내가 그 장막에서 즐거운 제사를 드리겠고 노래하여 여호와를 찬송하리로다 (시 27:4, 6).

첫째, 예배 시간을 사모해야 합니다. 예배 시간을 기억하고 그 시간을 사모하는 것입니다. 예배 시간을 중요하게 여기지 않는 것은 잘못입니다. 둘째, 예배 장소를 사모하는 것입니다. 눈에 보이는 예배 공동체에 소속하고 뿌리를 내리는 것이 중요합니다. 떠돌이 교인은 사모하는 장소가 없습니다. 오늘은 어디로 가볼까? 이리 가볼까 저리 가볼까? 자기가 사모하는 일정한 예배 장소가 없으면 자연히 예배를 사모하는 마음과 예배에 대한 비중이 없어지게 됩니다. 어떤 장소에만 하나님이 계시고, 어느 시간에만 하나님이 받으시기 때문이 아닙니다. 우리 때문입니다. 시간적 공간적 제약을 받는 우리 인간의 한계 때문입니다. 우리가 언제라도 돌아갈 예배의 장소가 있고, 언제나 그 시간이 되면 돌아가서 예배를 드릴 수 있다는 것은 참으로 놀라운 복입니다. 서울에서 한 시간 반만 북쪽으로 운전하고 올라가 북한 땅에만 들어가도 이것은 불가능합니다. 그곳에서는 신자들이 시간과 장소를 정하여 모여서 예배를 드리기 위해서는 목숨을 내어놓아야 합니다. 예배를 사모하는 구체적인 내용 세 번째는 예배로 말미암는 복을 사모해야 됩니다. 내가 혹시 시험이 들어서 예배가 은혜가 안 되는 그 때에도 하나님께 드리는 그 예배 자체는 은혜요 복이라는 사실을 잊지 않아야 합니다. 예배는 근본적으로 하나님의 임재가 실현되는 현장입니다. 예배는 하나님이 그 백성과 동행하시는 현장입니다. 하나님이 예배를 통해서 은혜를 주신다는 것은 부인할 수 없는 사실입니다. 개인적으로는 특별한 사정 때문에 예배의 복됨을 누리지 못하는 상황에 사로잡혀 있을 때에도 예배 자체는 은혜요 복이라는 사실을 잊지 않아야 합니다. 그래서 빨리 회복하여 그 복된 자리로 돌아갈 것을 계속 사모해야 합니다. 우리가 죽는 순간을 예배 가운데서 맞는다면 얼마나 복된 일이겠습니까? 하나님의 임재를 경험하는 예배 가운데 영원한 하나님 옆으로 옮겨져 간다는 것은 우리가 평생을 두고 사모할 만한 복된 일입니다. 시편 137편은 하나님의 심판을 받아 바벨론으로 사로잡혀간 이스라엘의 절절한 탄식과 후회를 토해 내고 있습니다. 이방 땅에 끌려가서 더 이상 예배를 드릴 수 없는 처지에 이르러서야 예배를 빼앗긴 처지로 살아야 하는 신자의 서러움과 고통과 회한, 그리고 예배를 회복하려는 비장한 결심을 쏟아내고 있습니다. 그런가 하면 시편 126편은 하나님의 은혜로 포로에서 돌아와 빼앗긴 예배를 회복하게 된 이스라엘 백성들의 환희에 찬 탄성을 들려줍니다.

예배를 빼앗긴 자들의 탄식

[1]우리가 바벨론의 여러 강변 거기 앉아서 시온을 기억하며 울었도다 [2]그 중의 버드나무에 우리가 우리의 수금을 걸었나니 [3]이는 우리를 사로잡은 자가 거기서 우리에게 노래를 청하며 우리를 황폐케 한 자가 기쁨을 청하고 자기들을 위하여 시온 노래 중 하나를 노래하라 함이로다 [4]우리가 이방에 있어서 어찌 여호와의 노래를 부를꼬 [5]예루살렘아 내가 너를 잊을진대 내 오른손이 그 재주를 잊을지로다 [6]내가 예루살렘을 기억지 아니하거나 내가 너를 나의 제일 즐거워하는 것보다 지나치게 아니할진대 내 혀가 내 입 천장

에 붙을지로다 [7]여호와여 예루살렘이 해 받던 날을 기억하시고 에돔 자손을 치소서 저희 말이 훼파하라 훼파하라 그 기초까지 훼파하라 하였나이다 [8]여자 같은 멸망할 바벨론아 네가 우리에게 행한 대로 네게 갚는 자가 유복하리로다 [9]네 어린 것들을 반석에 메어치는 자는 유복하리로다 (시 137:1-9).

예배를 회복한 자들의 탄성

(성전에 올라가는 노래) 여호와께서 시온의 포로를 돌리실 때에 우리가 꿈꾸는 것 같았도다 그 때에 우리 입에는 웃음이 가득하고 우리 혀에는 찬양이 찼었도다 열방 중에서 말하기를 여호와께서 저희를 위하여 대사를 행하셨다 하였도다 여호와께서 우리를 위하여 대사를 행하셨으니 우리는 기쁘도다 (시 126:1-3).

예배우선의 원칙으로 모든 계획을 세워야 한다

궁극적으로는 진정한 예배의 사람이 인생을 성공하게 됩니다. 그러므로 일이 급하고 어려울수록 기본으로 돌아가는 습관을 길러야 합니다. 예배가 모든 것의 출발이요 기본이라는 원칙이 모든 생활의 습관이 되도록 하는 것이 좋습니다. 예배 드리는 것을 최우선에 두는 것을 원칙으로 다른 계획들을 세우는 습관을 가지는 것이 좋습니다.

예배를 준비하여 드려야 한다

기도로 준비해야 합니다. 주일 예배에 임할 은혜와 복을 위하여 금요일 저녁이나 혹은 토요일 저녁에 일정 시간을 정하여 주일예배를 위하여 기도함으로 예배를 준비할 수 있습니다. 토요일 저녁이나 아니면 특정한 날의 시간에는 반드시 주일날 드리는 예배를 위해서 기도하기로 하고 그것을 습관화하면 좋습니다. 첫째는 나 자신이 주일 예배에서 진정한 예배를 드림으로써 은혜와 예배의 복을 누리도록 기도할 수 있습니다. 둘째는 주일날 교회에서 드려지는 모든 예배가 성령의 역사하심으로 말미암은 은혜가 충만한 예배가 되도록 기도할 수 있습니다. 셋째는 예배를 수종 드는 모든 이들, 곧 설교자, 기도자, 성가대, 찬양인도자, 안내자 등등 예배와 관련된 모든 이들과 예배에 참석하는 모든 이들을 위하여 기도할 수 있습니다. 넷째는 예배에 함께 모여올 모든 지체들을 위하여 기도할 수 있습니다.

주일 예배에 입고 갈 의복을 챙기고, 헌금을 미리 준비함으로서 준비할 수 있습니다. 어린 자녀들에게는 토요일 오후에 내일 예배에 무슨 옷을 입고 갈 것인지를 묻고 준비시킴으로써 예배를 준비하는 좋은 훈련의 기회를 삼을 수 있습니다. 아무리 미디어 시대이고 교회들이 교인용 성경찬송을 비치해놓고 있고, 아니면 예배 시간에 모든 가사와 모든 성경구절을 스크린에 띄워주는 친절을 베푼다 하여도 자신의 성경과 찬송을 들고 교회에 가도록 습관을 기르는 것도 중요합니다.

예배시작 전에 예배실에 나와서 미리 기도하고 묵상함으로써 은혜로운 예배를 준비할 수 있습니다. 허겁지겁 예배에 참석하는 것은 하나님께서 임재하시며 역사하시는 예배를 드리는 데 큰 장애가 됩니다.

지난 주일예배나 혹은 다른 예배 때 주신 말씀 등을 다시 읽어보거나 설교의 내용을 다시 기억해보는 것은 마음을 예배로 향하게 하고, 예배를 사모하게 하도록 준비하는데 큰 도움이 됩니다.

온전한 예배를 드려야 한다

예배시작 시간 전에 도착하여 준비하고, 축도가 끝나고 교제를 나누기까지 시간적으로 온전한 예배를 드려야 합니다. 예배를 시작하기 전에 예배실에 도착하여, 축도가 끝난 다음에 서로 인사하면서 떠나는 것이 온전한 예배입니다. 늦게 도착하는 예배나 미리 돌아가는 예배는 온전한 예배를 드리는데 결정적인 장애물이 되며, 그것은 자기도 모르는 사이에 습관이 됩니다.

기도와 찬양과 말씀듣기와 헌금을 드리기와 예배 공동체의 지체 사이의 교제 나누기 등 예배의 모든 요소들에 참여하는 것이 온전한 예배를 드리는 방법 가운데 하나입니다.

예배의 모든 순서에 적극적으로 참여해야 합니다. 찬양과 기도, 말씀듣기, 교제 등 예배의 모든 순서에 기대와 호기심과 열정을 가지고 적극적으로 참여하는 것을 습관화 하는 것이 좋습니다.

예배에 장애가 되는 요소들을 미리 제거해야 한다

예배를 개인적인 분풀이의 도구로 삼지 말아야 합니다. 개인적으로 받은 상처에 대한 분노로 예배에 나가지 않는 것, 찬양이 맘에 들지 않는다고 화난 얼굴로 입을 다물고 앉아서 예배에 동참하지 않는 것, 설교 말씀에 반감을 품고 예배 시간 내내 안색을 변하며 예배에 함께 하지 않는 것 등은 사실 예배를 개인적인 분풀이의 도구로 삼는 태도입니다. 이러한 행위는 단순히 예배행위를 거부하는 것이 아니라, 예배를 받으실 하나님을 거부하는 것입니다. 특히 교회가 파로 나뉘어 분쟁하고 싸우면서 서로 상대방의 예배를 방해하는 경우가 있습니다. 한편에서 기도를 하려하면 다른 편에서 찬송을 불러 기도를 방해하면서 서로 예배를 방해하며 싸움을 이어가는 교회들도 있습니다. 이것은 예배를 받으실 하나님 앞에서 각자의 분노를 발산하며 하나님을 거부하는 죄악입니다.

예배에 방해가 되는 요소들을 미리 점검하는 것이 좋습니다. 휴대폰, 낙서하는 버릇, 예배 중에 사사로운 이야기를 하는 습관 등 예배에 방해가 되는 요소들을 제거하는 것이 좋습니다.

은혜로운 예배를 방해하거나, 방해하는 일에 가담하지 말아야 합니다. 예배는 하나님께 드리는 거룩한 행위요, 하나님께서 임재하여 동행하시는 은혜의 현장임을 잊지 말아야 합니다. 그러므로 예배를 개인적인 분풀이의 도구로 사용하거나, 개인 혹은 집단적인 분쟁을 표출하는 수단으로 사용하는 것은 다른 사람의 예배를 방해하는 것일 뿐만 아니라, 예배 가운데 임재하시는 하나님을 멸시하는 두려운 행위입니다. 개인적인 혈기나 감정으로 예배를 방해하는 일은 하나님이 받으실 예배를 그르치는 두려운 일입니다. 그러한 일에 가담하는 것도 하나님 앞에서 죄된 행위임을 알아야 합니다. 걸핏하면 교회가 두 파로 나뉘어서 서로 상대방의 예배를 방해하거나 아예 예배 자체를 드릴 수 없도록 예배당을 점거하거나 폐쇄하는 일들은 하나님 앞에서 말할 수 없이 두려운 범죄 행위라는 사실을 알고 그런 분쟁에 가담하지 않아야 합니다.

예배를 위하여 중요한 일을 희생할 수 있어야 한다

진정한 예배를 드리기 위해서는 예배자로서 희생의 대가를 치를 각오를 해야 합니다. 진정한 예배를 위하여 어느 때는 나 자신의 중요한 일을 의도적으로 희생해야만 하는 때가 있습니다. 예배를 위하여 주일 영업을 희생하는 이들이 많이 있습니다. 혹은 자신의 물질을 희생하기도 합니다. 공부를 희생하기도 하고, 어느 신자는 중요한 시험을 희생하기도 합니다. 예배를 위하여 자신을 희생하면서 드리는 예배를 통하여 예기치 않았던 하나님의 은혜를 체험하는 경우가 있습니다.

자녀에게 예배를 가르쳐야 한다

자녀들에게 예배의 중요성과 복됨을 가르치고 훈련하는 일을 자주하는 것은 자녀들로 하여금 하나님과 동행하는 예배자로 살아가게 하는 좋은 방편입니다. 가정에 특별한 일이 있을 때 가족이 함께 예배드리는 것을 습관화하는 것이 좋습니다. 자녀가 중요한 시험을 앞두고 있을 때, 가족이 며칠간의 여행을 같이 떠나서 목적지에 도착했을 때, 가정적으로 특별히 기쁜 일이 생겼을 때, 중요한 기념일이 되었을 때 등등 온 가족이 함께 먼저 하나님께 예배를 드리는 것을 가정의 전통으로 삼는 것이 좋습니다. 예배를 인도하는 문제가 난감하여 예배를 피할 필요는 없습니다. 찬송을 부르고 부모나 자녀가 기도하고 함께 성경의 한 곳을 읽은 다음 자연스런 대화를 나누어도 좋습니다. 때로는 자녀를 공예배에 함께 참여하게 하고, 특별히 교회의 특별한 예배가 있을 때는 온 가족이 함께 참여하는 습관을 가정의 규율처럼 정해놓는 것이 좋습니다. 자녀들과 자녀들이 드리는 부서의 예배에 대하여 묻고 들어주며 동조하는 것도 자녀들로 하여금 예배를 잘 드리는 습관을 갖게 하는 데 도움이 됩니다. 다만, 자녀들이 하는 이야기를 교육적인 차원에서 지혜롭게 듣고, 나누는 것이 필요합니다.

삶으로 드리는
산 예배

제물이 아니라 사람이다

기독교의 예배는 단순히 예배의식에 국한되어 있지 않습니다. 기독교의 예배는 예배하는 자가 특정한 시간에 특정한 장소에서 특정의 의식을 갖추어 드리는 것만이 아니라, 삶의 모든 영역을 포괄합니다. 예배당에 모여서 의식순서를 따라 드리는 예배는 물론 그것을 행하는 예배자가 그의 삶의 전영역을 놓고 볼때 어떤 사람으로 판명되는가 하는 것이 동시에 중요한 문제입니다. 이것은 기독교인에게는 삶의 모든 영역이 하나님께 드리는 예배라는 관점에서 받아들여야 한다는 의미입니다. 그러므로 기독교의 예배는 예식으로 드리는 예배와 삶으로 드리는 예배, 혹은 모여서 드리는 예배와 흩어져서 드리는 예배, 교회 안에서 드리는 예배와 교회 밖 생활의 현장에서 드리는 예배로 말할 수 있습니다.

그러므로 하나님을 예배하는 신자는 정한 시간에 정한 장소에 정한 예물을 가지고 와서 일을 끝낸 다음 자신의 위치로 돌아가면 되는 것이 아닙니다. 예배를 받으시는 하나님이 가장 중요하게 여기시는 것은 예배자입니다. 사람입니다. 인류 최초의 살인사건의 단초가 되었던 가인과 아벨의 제사 문제의 본질은 그들이 드린 제물이 아니라, 그 제물을 드린 그 사람들의 문제였다는 것은 이미 앞장에서 언급하였습니다. 이사야 1장에서 하나님은 자기 백성들을 마치 하늘과 땅을 향하여 고소하듯이 탄식하십니다.

하늘이여 들으라 땅이여 귀를 기울이라... (사 1:2).

하나님은 이스라엘 백성을 놓고 소나 나귀만도 못한 자들이라고 탄식하십니다.

소는 그 임자를 알고 나귀는 그 주인의 구유를 알건마는 이스라엘은 알지 못하고 나의 백성은 깨닫지 못하는도다 (사 1:3).

그리고는 그 백성들이 하나님 앞에 제사하러 나오는 것을 분노하며 거부하십니다.

[11]여호와께서 말씀하시되 너희의 무수한 제물이 내게 무엇이 유익하뇨 나는 숫양의 번제와 살진 짐승의 기름에 배불렀고 나는 수송

아지나 어린 양이나 숫염소의 피를 기뻐하지 아니하노라 ¹²너희가 내 앞에 보이러 오니 이것을 누가 너희에게 요구하였느냐 내 마당만 밟을 뿐이니라 ¹³헛된 제물을 다시 가져오지 말라 분향은 내가 가증히 여기는 바요 월삭과 안식일과 대회로 모이는 것도 그러하니 성회와 아울러 악을 행하는 것을 내가 견디지 못하겠노라 (사 1:11-13).

결국 하나님이 인정하시고, 받으시고, 기뻐하시는 예배이기 위하여 가장 중요한 관건은 제물이나, 모임의 규모나, 다양한 명분의 예배의식이 아니라 예배하는 사람이 어떤 사람인가에 달려 있습니다.

삶으로 드리는 영적 예배

성경은 예배를 단순히 하나의 신앙공동체가 정한 시간에 정한 장소에 모여서 함께 드리는 의식으로만 말하지 않습니다. 신앙 공동체가 흩어져서 살아가는 현장의 삶 자체를 가리켜 하나님께 드리는 예배라고 합니다. 대표적인 말씀이 로마서 12장 1, 2절입니다.

¹그러므로 형제들아 내가 하나님의 모든 자비하심으로 너희를 권하노니 너희 몸을 하나님이 기뻐하시는 거룩한 산 제사로 드리라

이는 너희의 드릴 영적 예배니라 ²너희는 이 세대를 본받지 말고 오직 마음을 새롭게 함으로 변화를 받아 하나님의 선하시고 기뻐하시고 온전하신 뜻이 무엇인지 분별하도록 하라 (롬 12:1-2).

우리 몸을 하나님이 기뻐하시는 거룩한 산 제사로 드리라고 말씀합니다. 그리고 곧 이어서 이것은 다름 아닌 우리가 하나님께 드릴 영적 예배라고 말씀합니다. "너희의 드릴 영적 예배니라." 우리의 몸을 드리는 제사가 있는데 그것이 바로 하나님께 드리는 영적 예배라는 것입니다. 그리고는 우리의 몸을 거룩한 산 제사로 드린다는 것이 구체적으로 무엇을 가리키는가를 설명합니다. 우리가 일상의 삶에서 이 세대를 본받지 않고 마음을 새롭게 하여 하나님의 선하시고 기뻐하시고 온전하신 뜻을 따라 사는 것이라고 말씀합니다. 이것은 특정의 의식을 말하는 것이 아닙니다. 매일 매일 살아가는 일상생활을 두고 하는 말씀입니다. 우리의 예배는 주일날 교회당 안에 모여서 드리는 예배의 차원을 넘어서 우리의 삶의 현장에서도 이루어져야 한다는 말씀입니다. 결국 신자는 두 가지 방식의 예배를 드리며 살아야 하는 것입니다. 첫째는 주일날 교회당 안에서 기도와 찬송과 말씀과 봉헌 등의 의식절차를 따라 드리는 예배입니다. 그리고 예배당 밖 생활의 현장에서 삶으로 드리는 예배입니다.

사도는 우리가 그리스도인으로써 살아가는 현장에서의 삶이 바로 우리의 몸을 하나님이 기뻐하시는 거룩한 제사를 드리는 예배의 현장이라고 말씀하는 것입니다. 교회당만 예배드리는 곳이고 교회당 밖 그곳은 예배와 상관없는 다른 세상인 것이 아닙니다. 교회당 밖 거기도 신자들에게는 예배의 현장입니다. 그곳에서 드리는 예배는 순서를 따라 예식으로 드리는 예배가 아니라 우리의 삶을 하나님의 선하시고 기쁘신 뜻을 따라 순간순간을 살아가는 예배입니다. 그러므로 그리스도인들은 모든 삶을 하나님께 예배를 드리는 자세로 살아야만 합니다.

하나님의 사람이라는 표지

하나님의 백성들은 신자라는 명찰을 달고 다니지 않아도, 교패를 대문에 붙여놓지 않아도 세상 사람들이 그들을 하나님의 백성이요, 그리스도인이라는 것을 알아볼 수 있어야 합니다. 그것은 우리가 우리의 몸을 거룩한 제물 삼아드리는 예배의 삶 때문입니다. 모든 삶을 하나님께 드리는 예배로서 살기 때문에 사람들이 우리를 하나님의 백성이라고 알아보는 것입니다. 이것이 우리가 삶의 현장에서 드리는 예배의 능력입니다. 세상 사람들은 마치 냄새를 맡듯이, 혹은 편지를 읽듯이, 우리는 하나님의 백성이요, 그리스도에게 속한 사람들이라는 것을 우리가 삶의 현장에서 살아가는 모습을 보면서 저절로 알게 되어야 합니다. 세

상 사람들에게 신자와 불신자가 무엇이 다른지 모르겠다는 비난
과 탄식을 들어서는 안되는 것입니다.

> 너희가 우리의 편지라 우리 마음에 썼고 뭇 사람이 알고 읽는 바
> 라 너희는 우리로 말미암아 나타난 그리스도의 편지니 이는 먹으
> 로 쓴 것이 아니요 오직 살아 계신 하나님의 영으로 한 것이며 또
> 돌비에 쓴 것이 아니요 오직 육의 심비에 한 것이라 (고후 3:2-3).

> [14]항상 우리를 그리스도 안에서 이기게 하시고 우리로 말미암아
> 각처에서 그리스도를 아는 냄새를 나타내시는 하나님께 감사하노
> 라 [15]우리는 구원 얻는 자들에게나 망하는 자들에게나 하나님 앞
> 에서 그리스도의 향기니 [16]이 사람에게는 사망으로 좇아 사망에
> 이르는 냄새요 저 사람에게는 생명으로 좇아 생명에 이르는 냄새
> 라 누가 이것을 감당하리요 (고후 2:14-16).

결국 우리가 하나님께 드려야 할 예배는 예식으로 드리는 예
배(요 4:23-24)와 삶으로 드리는 예배(롬 12:1-2)입니다. "삶으로 드
리는 예배"란 생활현장에서도 수시로 시간을 내어 예배시간을
가져야 된다는 말이 아닙니다. 삶의 현장에서 취하는 우리의 모
든 행동을 하나님께 드리는 예배행위라는 원리와 자세로 살아야
된다는 말입니다. 시편 29편 2절은 "여호와께 그의 이름에 합당
한 영광을 돌리며 거룩한 옷을 입고 여호와께 예배할지어다"라

고 말씀합니다. 여호와께 예배하기 위하여 입어야 하는 거룩한 옷이 상징적으로 의미하는 것은 바로 예배자의 거룩한 삶을 말하는 것입니다. 칼빈은 "하나님의 영광을 위한 예배"를 매우 강조합니다. 그에게 있어서 하나님의 영광을 드러내는 수단이요, 하나님을 영화롭게 하는 수단이 바로 예배입니다. 그리고 그가 제시하는 예배의 종류는 "교회 안에서 드리는 예배"와 "생활의 현장에서 자기의 삶으로 드리는 예배"입니다.

그러므로 예배자에게는 교회 안에서 예배시간에 드리는 예배와 흩어져서 살아가는 삶의 현장이 별개의 것이 아닙니다.(사 1:11-17). 주일의 교회 안과 평일의 교회 밖이 똑같이 예배의 현장입니다. 이 둘은 필연적으로 깊은 관련을 맺고 있습니다. 의식으로 드리는 예배의 성패가 삶으로 드리는 예배의 성패를 결정짓게 됩니다. 의식으로 드리는 예배를 통하여 삶으로 드리는 예배를 성공할 힘과 근거와 지침을 얻습니다. 그러므로 주일의 예배를 소홀히 여기는 사람이 삶으로 드리는 예배를 잘 드릴 수는 없습니다. 똑같이, 삶으로 드리는 예배의 성패가 의식으로 드리는 예배의 성패를 좌우합니다. 삶으로 드리는 예배에서 의식으로 드리는 예배로 돌아갈 근거와 이유를 확인합니다.

의식으로 드리는 예배만 집착하고 삶으로 드리는 예배를 무시하면 하나님께서 의식으로 드리는 예배를 인정하지 않으실 뿐 아니라, 오히려 노하심으로 거절하신다는 사실을 성경은 강조합니다. 이사야서 1장 11-17절의 말씀은 삶으로 드리는 예배를 무시하면서 의식으로 드리는 예배로 모든 것을 다한 것처럼 스스로 만족에 빠져서 살아가는 신자들의 행태를 하나님은 얼마나 무섭게 책망하시는지 생생하게 증거합니다.

삶으로 드리는 영적 예배의 두 영역

매일의 삶 속에서 우리의 몸을 산 제물로 드리는 영적 예배는 두 가지 영역에서 이루어져야 합니다. 첫째는 하나님을 향해서입니다. 둘째는 다른 사람들을 향해서입니다. 하나님을 향해서는 세상에 물들지 않고 거룩함을 지켜서 하나님과의 바른 관계, 곧 거룩함을 지키는 것입니다. 세상을 향해서는 하나님의 사랑의 원리를 따라서 사랑을 베풀며 살아가는 것입니다. 야고보는 이것을 하나님을 아버지로 모시고 사는 사람이 이루어야 할 참된 경건이라고 합니다.

> 하나님 아버지 앞에서 정결하고 더러움이 없는 경건은 곧 고아와 과부를 그 환난 중에 돌아보고 또 자기를 지켜 세속에 물들지 아니하는 이것이니라 (약 1:27).

자기를 지켜 세속에 물들지 아니하는 경건은 하나님과 나 사이의 관계를 바르게 하는 삶을 사는 것을 말합니다. 그리고 고아와 과부를 그 환난 중에 돌아보는 삶은 다른 사람들과의 관계를 하나님의 사랑의 원리를 근거로 맺으며 살아가는 것을 말합니다. 야고보는 이 둘을 정결하고 더러움이 없는 경건이라고 강조합니다. 이것이 바로 삶으로 드리는 예배의 두 영역입니다. 예수님도 신자의 삶의 영역을 가장 큰 두 가지 계명, 곧 하나님과의 관계에 있어서 계명과 다른 사람들과의 관계에 있어서의 계명으로 요약하여 제시하셨습니다. 로마서의 말씀대로 하면 우리가 이 두 가지를 지키며 사는 것이 우리 몸을 거룩한 산제사로 드리는 것이요, 우리가 현장에서 드리는 영적예배인 것입니다.

37예수께서 가라사대 네 마음을 다하고 목숨을 다하고 뜻을 다하여 주 너의 하나님을 사랑하라하셨으니 38이것이 크고 첫째 되는 계명이요 39둘째는 그와 같으니 네 이웃을 네 몸과 같이 사랑하라 하셨으니 40이 두 계명이 온 율법과 선지자의 강령이니라 (마 22:37-40).

예수께서 대답하시되 첫째는 이것이니 이스라엘아 들으라 주 곧 우리 하나님은 유일한 주시라 네 마음을 다하고 목숨을 다하고 뜻을 다하고 힘을 다하여 주 너의 하나님을 사랑하라 하신 것이요, 둘째는 이것이니 네 이웃을 네 몸과 같이 사랑하라 하신 것이라 이에서 더 큰 계명이 없느니라 (막 12:29-31).

두 예배는 결국 하나의 예배이다

마음을 다하고 목숨을 다하고 뜻을 다하고 힘을 다하여 하나님을 사랑하려고 할 때 가장 먼저 나타나는 필연적인 현상은 의식으로 드리는 예배에 온 힘과 정성을 쏟게 되는 것입니다. 주일날 드리는 공동체의 예배를 소홀히 하면서 하나님을 사랑한다는 것은 불가능합니다. 주일 예배에 대한 열성이 점점 삶의 현장에서 몸으로 드리는 생활예배로 확장해 나갑니다. 그리고 그 예배는 필연적으로 지체와 이웃, 그리고 하나님이 다스리시는 이 세상에 대한 사랑의 행위로 우리를 인도하여 나아갑니다. 그리하여 우리는 결국 교회당 안에서 시작한 예배를 교회 밖에서 드리는 삶의 예배로 확장해나가는 것입니다. 예수님께서 우리에게 주신 가장 큰 두 개의 계명이 궁극적으로 지향하고 있는 것은 결국 우리의 삶의 현장입니다. 그리하여 우리는 결국 교회 안에 들어온 예배자로서 만이 아니라, 교회 밖 세상에서 예배적 삶을 살아가는 살아있는 제물로서의 예배자로 살아가게 되는 것입니다.

교회 안에서 드리는 예배가 잘못되면 삶으로 드리는 예배는 그 근거와 원동력을 상실하게 됩니다. 그러므로 주일 예배에 실패하면, 주중의 삶의 예배도 반드시 실패하게 됩니다. 교회 안 예배에 실패하면, 교회 밖 예배는 반드시 실패하게 됩니다. 주일 하루 예배에 실패하면, 나머지 엿새 예배가 실패하게 됩니다. 그러므로 우리는 예배 공동체의 예배와 개인적으로 혹은 가정적으로 드리는 찬송과 말씀과 기도와 봉헌과 교제 등으로 이루어지는 의식예배에 온 힘을 기울여야 합니다. 그 예배로부터 우리는 하나님을 더 잘 그리고 깊이 알게 되고, 하나님의 임재를 경험하게 되고, 치유와 회복과 새로운 소망과 하나님의 영광과 예배자의 축복을 누리게 됩니다. 그로부터 지속적인 힘과 능력과 지혜를 얻어 삶으로 드리는 예배자의 원동력을 충전 받는 것입니다.

동시에, 삶의 현장에서 삶으로 드리는 예배생활이 잘못되면 결국 의식으로서 드리는 예배도 잘못되게 됩니다. 삶으로 드리는 예배가 하나님께서 받으실 수 없는 삶이면 그가 드리는 의식으로서의 예배도 받지 않으시는 것입니다. 그러므로 공동체가 드리는 의식으로서의 예배와 삶의 현장에서 드리는 삶으로서의 예배는 뗄 수 없는 관계에 있습니다. 삶의 현장에서 드리는 예배가 제대로 되지 않았을 때는 교회당에서 매주 드리는 예배가 하나님께 헛것이 될 수도 있고, 하나님께서 가증하게 여기는 행위가 될 수도 있습니다. 그러므로 우리는 몸으로 드리는 예배, 곧 나의 삶을 통하여 드리는 예배가 바로 되도록 해야 합니다. 하나님의 백성에게는 삶 자체가 예배적 삶입니다.

[11]여호와께서 말씀하시되 너희의 무수한 제물이 내게 무엇이 유익하뇨 나는 수양의 번제와 살진 짐승의 기름에 배불렀고 나는 수송

아지나 어린 양이나 수염소의 피를 기뻐하지 아니하노라 ¹²너희가 내 앞에 보이러 오니 그것을 누가 너희에게 요구하였느뇨 내 마당만 밟을 뿐이니라 ¹³헛된 제물을 다시 가져 오지 말라 분향은 나의 가증히 여기는 바요 월삭과 안식일과 대회로 모이는 것도 그러하니 성회와 아울러 악을 행하는 것을 내가 견디지 못하겠노라 ¹⁴내 마음이 너희의 월삭과 정한 절기를 싫어하나니 그것이 내게 무거운 짐이라 내가 지기에 곤비하였느니라 ¹⁵너희가 손을 펼 때에 내가 눈을 가리우고 너희가 많이 기도할지라도 내가 듣지 아니하리니 이는 너희의 손에 피가 가득함이니라 ¹⁶너희는 스스로 씻으며 스스로 깨끗케 하여 내 목전에서 너희 악업을 버리며 악행을 그치고 ¹⁷선행을 배우며 공의를 구하며 학대 받는 자를 도와주며 고아를 위하여 신원하며 과부를 위하여 변호하라 하셨느니라 (사 1:11-17).

참된 예배를 위한 조건과 복

성령 충만

예배는 하나님께서 영으로 임재하셔서, 그의 백성과 동행하시며, 교통하시는 영적인 사건입니다. 그러므로 살아있는 참된 예배가 되기 위해서는 무엇보다도 예배자들이 성령으로 충만하고, 이 사람들을 통하여 성령님께서 역사하시는 것이 가장 중요합니다. 성령의 충만과 역사 없이 혼자서만 날뛰는 예배는 인위적일 뿐만 아니라, 자칫 광란이 되기 싶습니다. 그것이 이교도 예배의 특징이기도 합니다. 어떤 이들은 이런 예배들을 정말 뜨겁고 열정적인 예배라고 하는데 이것은 성령이 임재하지 않는 예배요, 단순한 열광이고 광란일 뿐입니다.

> ²⁶저희가 그 받은 송아지를 취하여 잡고 아침부터 낮까지 바알의 이름을 불러 가로되 바알이여 우리에게 응답하소서 하나 아무 소리도 없고 아무 응답하는 자도 없으므로 저희가 그 쌓은 단 주위에서 뛰놀더라 ²⁷오정에 이르러는 엘리야가 저희를 조롱하여 가로되 큰 소리로 부르라 저는 신인즉 묵상하고 있는지 혹 잠간 나갔는지 혹 길을 행하는지 혹 잠이 들어서 깨워야 할 것인지⋯ 하매 ²⁸이에 저희가 큰 소리로 부르고 그 규례를 따라 피가 흐르기까지 칼과 창으로 그 몸을 상하게 하더라 (왕상 18:26-28).

또한 매일의 삶의 현장에서 몸으로 드리는 삶의 예배도 성령의 충만함으로 말미암은 능력과 권세가 있어야 가능합니다. 성령께서는 우리로 하여금 삶 속에서 성령의 열매를 맺게 하심으로써 하나님과의 관계에 있어서 순종과 거룩의 예배를, 다른 사람들과의 관계에 있어서 사랑의 예배를 성공적으로 드리며 능력있게 살아가도록 우리를 도우시는 것입니다. 내 의지와 결단만 가지고 내 결심으로 삶으로 드리는 예배를 살 수 있는 것이 아닙니다.

오직 성령의 열매는 사랑과 희락과 화평과 오래 참음과 자비와 양

선과 충성과 온유와 절제니 이같은 것을 금지할 법이 없느니라
(갈 5:22-23).

우리의 직장에서, 가정에서, 이웃 사이에서 이런 열매를 맺는 삶을 산다면 우리는 성공적인 예배자들입니다. 그러므로 예배자는 성령의 충만을 사모해야 합니다. 성령의 역사가 나타나는 예배가 되도록 기도에 힘을 쏟아야 합니다. 사람은 언제나 무엇인가에 사로잡혀서 살도록 되어있습니다. 사람의 마음이나 의식은 중립이 없습니다. 우리의 마음과 의식은 백지 상태가 아닙니다. 무엇엔가 반드시 지배를 받고 영향을 받도록 되어 있습니다. 생각도 마음도 행동도 말도 계획도 그 영향력 아래 이루어지는 것입니다. 그러므로 성령의 충만으로 말미암아 성령의 영향력 아래 살아가는 예배자가 되기를 계속 사모하고 간구하고 성령의 감동과 인도를 순종하도록 의지적인 결단을 계속하며 살아야 합니다.

술 취하지 말라 이는 방탕한 것이니 오직 성령의 충만을 받으라
(엡 5:18).

성령이 충만한 예배자의 복
성령이 충만한 예배자와 예배 공동체의 복되고 신바람 나는 삶의 현장의 모습을 성경은 다양하게 증거합니다. 찬양이 있고, 감사가 있고, 치유와 회복이 있고, 기쁨에 찬 자발적인 섬김이 있

고, 하나님을 향한 맑은 찬양과 투명한 관계의 누림이 있습니다. 그러므로 성령이 충만한 예배자의 복을 사모해야 합니다. 그러한 복을 누리는 교회와 부부와 가정과 직장과 삶의 현장의 예배자가 되기를 사모해야 합니다. 그리고 그 복을 선포하고 주장하고 누리는 예배자로 살아가야 합니다. 그것이 예배를 받으시는 하나님께서 참된 예배자에게 주시는 권세이고 복이고 예배의 열매인 것입니다. 이러한 예배자에게 언제나 하나님이 동행하시며, 하나님이 동행하시는 사람이 누리는 평안과 행복이 넘치게 됩니다. 성령이 충만하여 사는 사람의 모습은 진정한 예배자의 모습이기도 합니다.

> [18]술 취하지 말라 이는 방탕한 것이니 오직 성령의 충만을 받으라 [19]시와 찬미와 신령한 노래들로 서로 화답하며 너희의 마음으로 주께 노래하며 찬송하며 [20]범사에 우리 주 예수 그리스도의 이름으로 항상 아버지 하나님께 감사하며 [21]그리스도를 경외함으로 피차 복종하라 (엡 5:18-21).

예배,
다시 생각해보기

1. 어떤 점에서 우리의 예배가 하나님과 동행하는 방편이 됩니까?

2. 의식으로 드리는 예배와 삶으로 드리는 예배는 어떻게 뗄 수 없는
   관계를 맺고 있습니까?

3. 하나님과 동행하는 예배자로 살아가는 복이 무엇입니까?

_____

_____

_____

4. 하나님과 동행하는 예배자로 살기 위하여 당신이 실천해야 할 것은
   무엇입니까?

_____

_____

_____

5. 예배가 자녀에게 그리고 자녀의 자녀에게 계승되도록 하기 위하여
   당신이 지금 실천할 수 있는 일은 무엇입니까?

_____

_____

_____